Kochbuch für Stümper

von Thomas Platt und Martin Keune

verbildert von Brösel

Einkauf, Zubereitung, selbstloser Selbstversuch und Abwasch von Martin Keune und Thomas Platt unter konspirativer Mitarbeit von Konstantin Gohlke (Detektei „G")
Farbige Fotos aus der Gerichts-Medizin von Brigitte und Stephan Krauth
Schlecktorat von Thea Schwarz
Autor und Verlag haften nicht für körperliche und seelische Folgen des Gebrauchs

Wolfram Siebeck gewidmet
und allen Opfern
der kulinarischen Schlachtfelder

Impressum

Die deutsche Bibliothek – CIP-Einheitsaufnahme
Platt/Keune: Kochbuch für Stümper – 1. Auflage – Kiel
Achterbahn Verlag, 1994
ISBN 3-928950-56-8

Achterbahn Verlag GmbH
Werftbahnstraße 8
24143 Kiel

Gestaltung und Satz: Zitrusblau, Berlin
Druck: Nieswand Druck GmbH, Kiel

1. Auflage 1994
ISBN 3-928950-56-8

Einwaage

Vorneweg

Dieses Buch enthält etliche Winke für den Ankauf von diversen Produkten, ist jedoch ohne jegliche Unterstützung der gastronomischen, küchenausstattenden & eindosenden Industrie entstanden (im Gegenteil: Manche Dosen und Tüten haben die Arbeit am Buch durch Leibgrimmen im Anschluß an den Verzehr sogar behindert!), gleichwohl hätten wir entsprechende Gelder mit backfettem Grinsen und olivenöliger Kralle eingestrichen. Von unserer hier geäußerten Meinung wären wir trotzdem nicht einen Löffel voll abgewichen. Soviel ist sicher.

Danksagungen

gehen vom Herd aus an Uwe Achterberg, Rafael Betzler, Werner Blanck, Susanne Boger, Nives & Mario „Gheregheregetz!" Brino, Antonio Marchese De Curtis, Marion Dittmar, Desmond „Has a barrow in the market place" Downes, Anna Drenker, Bernd Eichinger, Wolf „Torso" Eller, Günther Fannei, Enrica Ferrazzi, Stefan „The Fischermann" Fischer, Rita Flottmann, Bernie Frieböse, Peter Frühsammer, Julius Bartok Grützke, Gerd „Wo bleibt das Bier?" Hahn, Nicola Hahn, Burghard Hohlfeld, Rolf Honold, Inga Humpe, Eimear Joyce, Inga und Ernst Jürgens, Maleen Junge & Sohn, Heinz-Peter Koop, Marion Kramer, Imke Kreß, Winfried Meyer, Ulrich Lebrecht Moritz, Agnes Oswald, Angela & Tina de Paoli Drabert-Hahn, Dr. jur. Theo Pachulke, Ursula Platt, Maureen Polaszek, Rainer Popowitsch (der Plombenleger), Kies „Don't go" Richards, Siegfried „Schau mir in den Topf, Kleines" Rockendorf, Sandra Ryan, Sascha Seifert, Kirsten „Hasi" Staack, F. K. Waechter, Gitte „Pfitzauf" Walz, Jürgen „Vadder" Weber, Herman Weigel, Barbara Wever, Claudia-Wilma Wipfler, Liselotte Wirthwein, Heinz Zirk.

Letzte Meldung der Agentur TASS KAFF:

Die Stümperbewegung breitet sich aus!
Herde in Flammen, Speisen in Not. Täglich gebiert der Zufall schelmische Stümpereien. Nachrichten nicht nur von Gerichten, sondern auch von den Gerichteten bitte richten an:

Verband Deutscher Stümper
c/o ZITRUSBLAU
Uhlandstraße 157
10719 Berlin

Im Band 2 geht's entgültig ans Eingemachte!

Einfühlung

Noch ist kein Meister vom Himmel gefallen. Pfuscher dagegen hagelt es täglich. Was machen alle diese Leute – Stümperinnen und Stümper von Geburt und Stand –, wenn sie unschuldig, hilflos und hungrig vor einem Topf stehen und auf Kommando kochen sollen? Hinten brummt der Kühlschrank, vorne flackert die Flamme, schon glüht die Pfanne. Was tun? Rohes will schließlich irgendwann in Gekochtes umgearbeitet sein. Und schmecken soll es obendrein auch noch. Vor allen Dingen aber Eindruck machen auf Rotraud, die bereits erwartungsfroh am Tisch Platz genommen hat. Schwer, das alles unter einen Hut zu bringen! Ein Kochbuch! Einen Goldfischteich für ein Kochbuch! Ah, da ist es schon, das Buch mit sieben Tiegeln. Je nun! Es kann gleich losgehn...

Rotraud hat Erdbeersekt mitgebracht, und man gönnt sich gleich einzwei Gläschen, während die Speisen in der Küche dem Garzustand entgegenbrökeln. Fernsehen ist auch schon an. Ein Streifen mit schönen alten Autos schweift vorüber und Clark Gable greift grade auf so unnachahmliche Weise seiner... Apropos Gabel!

Zu spät! Rumms, da geht die Pfanne los, mit Gespratzel riesengroß! Es braust ein Ruch wie Donnerhall, parkettspaltendes Beben rennt durch die Dielen. Der Rest ist schwartige Nacht. Wo ist die Hand vor meinen Augen, wo endet der Raum? Sämtliche Sicherungen hat's aus dem Kasten gehauen, am Kochbuch lecken Flammen, der Nachbar klingelt Sturm. Fetter Qualm desodoriert die frisch gestrichene Mansarde. Rotraud entweicht mit einem spitzen Schrei. Steak ist Koks, Gemüse Brotaufstrich. Salat Essig, Wein Essig, Liebe Essig. Dabei sollte es doch nur etwas Kleines geben zur Nacht und dann hübsch...

Dies ist kein Szenario aus einem neuen „Tatort" sondern ein ganz normaler Vorfall an einem beliebigen Mittwochabend irgendwo im dritten Stock links. Der Laie (und wer ist das nicht?) macht sich gemeinhin vollkommen falsche Vorstellungen von der Konfrontation eines Stümpers mit einem aufgeschlagenen Rezeptbuch herkömmlicher Natur.

Grammgenaue Rezepturen und gewiefte Tricks garantieren noch lange nicht den Erfolg in punkto Völlerei und Genuß, sondern vielmehr der unverbrauchte Mut zum „Ungefähr" und eine solide Frechheit vor dem Feind. Selbstverliebte Hochglanzbilderbücher versuchen, das Essen zum elitären Egotrip zu stilisieren. Muß das wirklich sein? Mitnichten. Das „Stümper-Kochbuch" beweist: *Köcheln kann jeder*! Allen gängigen Kochbüchern gemein ist ein fatal falscher Ansatz: Sie zeigen, wie man etwas macht. Jeder halbwegs gesunde Mensch hat aber eine tiefverwurzelte Abneigung gegen jede Art von Aktivität, gegen Anleitung, Lernen, Leistungsdruck. Er will nicht machen und lernen, sondern haben und können. Diesen naheliegenden Bedürfnissen wird kaum eines der

frei verkäuflichen Rezeptbücher gerecht am allerwenigsten Bände, die sich mit vertrauenheischendem Augenaufschlag an den Vollaien zu wenden vorgeben. Nun gibt es bereits eine ganze Reihe von Anleitungen, wie halbwegs passable Gerichte in immer kürzerer Zeit, notfalls bei völligem Stromausfall, sebst noch von Vollprothetikern herzustellen sind. Bravo, aber in aller Regel wäre hier der Gang zur nächsten Imbißbude der schmerzfreiere Weg. Der neuzeitliche Mensch möchte nicht nur nichts machen, sondern obendrein auch noch höchsten Genuß daraus schöpfen.
Es gibt so gut wie nichts zu lernen zwischen einem Kopf Salat und dem vollen Bauch. Der nächstliegendste Weg ist die unverfrorene Anwendung von ein paar Vorgaben, verbunden mit der zielgerichteten Nutzung jedermann zugänglicher Naturgesetze.
Das „Stümper-Kochbuch" gibt die Freude am Essen wieder den Hungrigen zurück, den Unersättlichen, den Gierschlünden hüben und drüben, die nicht fragen, welchen Adelstitel ihr Schnitzel hat, so lange es beim Gegessenwerden nicht ausbüchst.
Heilige Cuisine, Neuer Henkelmann, Vollwertküche, Diät und Diözese: Alle ausgeklügelten Kulinarkonzepte schikanieren den Esser mit Tabus. Das „Kochbuch für Stümper" stellt fest: *Alles ist erlaubt.*
Ravioli mit furnierten Haselnüssen, Mousse mit Negerküssen oder ein Pudding aus den sterblichen Überresten einer Tüte Gummibärchen: Ganz erstaunlich naheliegende Zutaten erobern sich ihren Platz in der Küche. Und wenn es den roten Heringssalat partout zum Kakao hinzieht, mein Gott, man ist ja schließlich tolerant. Den Nörglern und Besserwissern jedenfalls hält das „Kochbuch für Stümper" ein stabiles „Schmeckt doch prima!" entgegen: Entscheidend ist eben, daß man endlich wird, was man bleibt. Und dazu bedarf es nicht immer simplerer Rezepte, sondern einer intelligenten, schlagfertigen Mischung aus Hunger, Humor, Verve und heißem Wasser. Kochen macht dem Stümper Spaß, weil er es als Spiel mit Ideen begreift, die er mit seinen Händen und einem wohlgemerkt kleinen Arsenal von Utensilien noch heute hic et nunc, wie der Lateiner sagt, verwirklichen kann. Das macht Freude und schafft Freunde.
Das „Kochbuch für Stümper" führt sacht in die Materie ein und setzt dem eigentlichen Rezeptteil eine wohlbedachte Pfuscherschulung voran.

Eigner Herd ist nie verkehrt

Die Stümperküche

Die Küchenindustrie, von Branchenkennern ehrfürchtig „Weißer Riese" genannt, wird nicht müde, mit immer neuen Einbauten in immer geschmacksabstoßenderen - Einbauküchen den Kochplatz zum Technopark eines mittleren Spaces-Shuttles umzurüsten. Im Kleinkredittakt von vier Jahren werden neue Geräte auf den Markt geworfen, ohne die ab sofort kein kalter Hering mehr gelingen kann. Energieersparnis! Zeitersparnis! Geldersparnis! Netto-Lebensersparnis!
Der professionelle Stümper ersparte sich in den letzten Jahren einen halben Schrottplatz.
1976: Deutschland im Gefrierschrankfieber. Kühltürme im Familiensargformat laden zum Vorratsschockfrosten ganzer Jahresernten. Nicht einmal ein fleißiger Teilzeitwilderer bekam die voll. 1980: Die vierte Generation der Geschirrspüler ist da! Teller rappeln, Goldrand wird blaß und das Besteck quietscht im Mund. Raffiniert! Reinräumen dauert länger als Selberspülen.
1984: Im Orwelljahr beginnt der Siegeszug der Mikrowelle. Im „Schnellen Brüter" können alle, die '76 schon mitgefroren haben, ihr Tiefgekühltes ruckzuck auf non plus ultra hocherhitzen. Außen brutzelig warm, innen beinhart. Al dente, ja sogar al rampone!, wie der Italiener manchmal sagt. War das die Klimakatastrophe oder die Neue Deutsche Küche? Darüber werden spätere Geräte zu befinden haben...
1988: Elektroherde haben nicht mehr platte Platten, sondern geräumige Kochfelder. Glasglatt oder mit feinsteinigem Granitimitat. Jetzt steht der Kessel vollends daneben und über allem röhrt und tropft die Dunstabzugshaube wie ein ganz normaler Tag in Sarajevo.

Klaus kocht sich Wasser

Der Stümper schlägt angesichts dieser Unsinnsinnovationen die Kochlöffel über dem Kopf zusammen – was in seiner Küche noch möglich ist, denn die Küche des Stümpers hat Platz und Luft: Weil sie mit dem Nötigsten auskommt.

Der Kühlschrank

Der Kühlschrank ist der Schrein des Stümpers. Er ist nie wirklich leer und nur selten voll. Aber immer in der Lage, alles zu bieten, was zu einem intimen Zwölfgänger mit Völleexzeß gut und nütze ist.
Was das richtige Fabrikat angeht: Der Stümper ist Purist und hat für neumodische Ultralightschränke, in denen man nachts die Hefe gären hört, vorderhand nichts übrig. Sein Schrank ist der 63er Bosch Semiflattop mit Goldlettern auf der Front und dem charakteristischen Hebelgriff. Seine Kühlschranktür fällt mit einem satten WUMP! ins Schloß und verharrt treu in ihrer Arretierung, bis der Stümper wieder ran muß. Oder sie ist keine Kühlschranktür. In der Tiefe des Ungetüms verbirgt sich ein Lämplein, das jedem 58er Cadillac Coup de Ville Ehre machen würde. Ins Tiefkühlfach passen exakt zwei Ginflaschen (bäuchlings!) sowie ein Riegel Gefrorenes und damit alles, was man zwischen Kindermachen und Kinderkriegen brauchen könnte. So ein Schränkchen springt lautlos an und ab, wiegt einen halben Jahresbeitrag der Klassenlotterie und wird in der Regel älter als sein Besitzer. Kostenpunkt unter Freunden: DM 60 im einschlägigen Trödelfachhandel. Profis testen das Gerät im Laden, anstatt einen defekten Frostschrein zwiefach hin und her zu wuchten.

Der Herd

Bei den Herden ist es wie bei den Hirten: Einfach und ehrlich sollten sie sein. Weiße Emaille, ein Backofengriff aus Edelstahl, weil alles andere beim nächsten Umzug abbricht, ein solides Schubfach für alles zwischen Topf und Töpfchen. Nicht schlecht ist ein Sichtfenster, damit man dem Weihnachtsvogel (siehe Rezeptteil) beim Vögeln zugucken kann. Umluft hinter der Ofenklappe lehnt der Stümper ab, er hat mit der Umwelt genug zu tun.
Die Gretchenfrage „Gas oder Strom" ist für den Stümper keine Frage: Er bevorzugt Gas, das riecht nach weißen Trüffeln (s.u.) und läßt auch überraschenden Wendungen im

Kochabenteuer weites Spiel. Es ist sofort an und sofort aus. Wenn's mal noch an war, ist alles aus: „Hab ich's brennen lassen?“ ist eine beliebte Denksportaufgabe für manchen Nachmittag outside. Außerdem kann man mit Gas Zigarren anzünden.

Die Spüle

Die Spüle des Stümpers folgt, klarer Fall, dem Trend zum Zweitbecken. Das eine ist für's dreckige Geschirr, in das andere kommt das gerade gespülte. So ist in der Spüle immer was los, ein hurtiges Hin und Her, mal ist alles sauber, dann geht's den ersten Tassen dreckig. Zwischen eitlem Glanz, Sprung und Bruch liegt oft nur ein kurzer freier Fall. Das ist nett zu beobachten, erspart das Haustier und ist eine treffliche Allegorie auf das nimmermüde Leben und Lieben von Menschen, die sich gerne gernhaben.

Gewarnt sei an dieser Stelle vor eleganten Wassermischbatterien, einhebeligen, computerverhaspelten Sensorschwenkarmen mit temperaturregulatorintegrierter Funktionssteuerung und skrupelgehemmter Ökopegelabbremsautomatik. Zwei Hähnchen reichen völlig. Der Stümper weiß: Roter Punkt heißt heißes Wasser. Das prägt.

Schränke und Anrichten

Der Stümper bevorzugt schnitt- und geschmackfestes Holz ab Fichte aufwärts auf seinen Arbeitsflächen; Tisch und oberster Unterregalboden sind ein einziges Küchenbrett und können bei entsprechend großangelegten Köchelmanövern weitflächig genutzt werden. Um das Holz gesund und willig zu erhalten, wird es alle halbe Jahre mit einem leinölgetränkten Lappen liebevoll massiert, bis es wieder glänzt und lacht. Naturgemäß geht auch nacktes Resopal in Schleiflack weiß, besonders bei den Schränken wird es geduldet. Die haben allesamt Türen, weil Kochdünste und Küchenschweiß sonst die Gewürzdöschen und das Geschirr mit einer hartnäckig klebrigen Fettschicht überziehen, im Fachjargon „Küchenspeck“ genannt.

Elektrisches Kleingetier

Der Stümper ist ein erklärter Gegner jeder unnützen Maschinerie. Andere halten sich einen ganzen Zoo schabender, raffelnder, beißender, blubbernder und selbstschmurzelnder Gerätefrettchen:
Elektrischer Eierkochautomat, elektrischer Joghurtbereiter, elektrische Kaffeemaschine, elektrische Espressomaschine, elektrische Teemaschine, elektrische Digitalküchenwaage, elektrischer Spaghettiwickler, elektrischer Toastautomat, elektrischer Tischgrill, elektrisches Rührgerät, elektrischer Dosenöffner, elektrisches Folienschweißgerät, elektrisches Messer, elektrischer Mixer, elektrischer Entsafter, elektrischer Universalwärmer, elektrische Zitruspresse, elektrischer Eiscrusher, elektrischer Cocktailshaker, elektrische Popcornmaschine, elektrischer Waffelautomat, elektrische Schlagobersmaschine.
Der Stümper hat den ganzen Schamott ins Tierheim gebracht und nur Mixer, Toaster und Schlagbohrer behalten. Der Mixer macht praktisch alles klein, was kleingemacht werden muß. Ein scharfes Propellerchen am Glasgrund zerstückelt Möhren, Nüsse, Zwiebeln, Obst, Finger und versehentlich hineingefallene Sonnenbrillen. Ideale Waffe bei Überraschungsangriffen von Verwandten: Tomaten rein, Deckel vergessen – Jack the Ripper hatte auch keine andere Tapete. Der Mixer von Braun mit seinem dickwandigen Glasaufsatz ist ein echter Killerklassiker von geradezu lyrischem Ausmaß: Gleich einem Heldentenor („Wohl doch eher Bariton, nicht?" meint Tante Lisbeth) von mächtigem Volumen , röhrt sein gebieterisches „Möööööööööööööh" durch Küche, Tomatenmark und Bein. Auch der Nachbar würdigt diesen Küchenfleiß.
Rein toastertechnisch gesehen, leben wir noch immer in der Steinzeit. Moderne Toaster (mit Unterhosen-Dekor!) versuchen erfolglos, mit der Stammesgeschichte des Frühstückbrötchens (Dreikorn, Sechskorn, Neunkorn oder schlichter Doppelkorn) Schritt zu halten. Der Stümper bevorzugt alte Klappmodelle, bei denen das Röstgut mit Hilfe eines seitlichen Klappgitters am Entkommen gehindert wird. Nach einigen Minuten Besinnung oder Sportteil bringen schwarze Rauchschwaden den Sonnenhunger aller Toaste ins Gedächtnis zurück. Die Erfolgsquote liegt bundesbreit bei acht Prozent.
Die Schlagbohrmaschine hat auf den ersten Blick wenig mit Stümperkunst in der Küche zu tun, es sei denn mit dem Verdübeln von Hängeregalen. Aber Dübeln, ein Surrogat des Mit-dem-Kopf-durch-die-Wand-Wollens, wie uns die Psychopathologie des Heimwerkers lehrt, ist noch längst nicht alles, wozu das Ding nütze ist. Rasch ist aus einem Stück Stacheldraht (rostfrei!!!) ein schneebesenartiger Korb gebogen und eingespannt. Damit wäre der elektrische Schmetter-Besen perfekt. Im Ernstfall benützt der Stümper Ar-

beitshandschuhe und wechselt ab und zu die Laufrichtung, damit nichts überschwappt. Eine elektrische Käsereibe von einigem Taug ist dem Stümper bislang noch nicht untergekommen. Er hat für die schwierige Übung eine turmartige Standardraffel aus Edelstahl mit vier Krümelgraden, die stolz wie ein Kriegsgerät für Spielzeugritter hoch auf dem Bord steht. Oder er nimmt gleich den Trüffelhobel.

Messer, Gabel, Schere, Licht

Der Stümper besteht auf Besteck. Seine Messerkollektion, schwarzgriffig und wohlgeschärft, imponiert Besuchern und weckt Erinnerungen an wehrhafte Klosterküchen und den Kannibalismus als Ursprung allen Garens. Mit einem krummen Fahrtenmesser fing einmal alles an, dann kam der widderköpfige Brieföffner von Onkel Friedhelm selig dazu, zur Konfirmation zwölf Obstmesserchen mit Bambusgriff (sieben sind noch da) von Tante Lisbeth (Karstadt 1964, im Angebot) und am 9. November 1989 das Bajonett von der Nationalen Volksarmee. Nunmehr erweitert der Stümper sein Arsenal um zwei weitere Messerchen, und dann ist's ein für allemal gut. Das eine ist ein unverwüstliches „Wiegemesser" mit einer 26 cm langen Klinge und einem Holzgriff mit Nieten (von Ed. Wüsthof Dreizackwerk/Solingen, beste Erfahrungen!), das zum Hacken und Kleinhäckseln von Kräutern und Gemüsen aller Art einfach unerläßlich ist. Der Stümper legt die flache Hand auf den Klingenrücken und läßt mit dem Griff das Messer wie eine Dauerguillotine auf- und niederschaukeln. Vom gleichen Hersteller kauft man möglichst noch das „Officemesser". Das ist kein Nachschlüssel für's Büro, sondern ein flinker Schäler, Karottenschrapper und Zwiebel- wie Fleischschneider. Das vielseitige Messerchen sieht mit seiner 11 cm-Klinge aus wie's Kind vom großen und benimmt sich manchmal auch so. Ob zum Kitzeln, Schnetzeln oder Sticheln, der Stümper hat somit für jeden Anlaß den rechten Schnitter in der Faust. Von Gold- und Silberlöffelchen dagegen hält er wenig. Das erotisierende Prickeln einer schlecht geerdeten silbernen Gurkengabel an einer frischen Plombe regt mehr auf als an.
Ein wichtiges Attribut gehobener Küche ist der Korkenhebel, mit dem auch zähe Rinde behutsamst aus dem Flaschenhals gelüpft wird. Ein echter Stümper behandelt Weinflaschen libidinös und köpft nur Schampuspullen mit Frühstücksmesser und Hurrageschrei. Als bewährte Öffner bieten sich das sogenannte „Kellnerbesteck" an, oder weit mon-

däner, die englische Butler-Nahkampfwaffe „Screwpull" („Screwpullös sollst du nicht öffnen gehn!" meint Monika). Ansonsten sind Schneebesen (WMF liefert Unverwüstliches), Schöpfkelle und Knoblauchpresse liebstes Spielzeug in berufener Hand. Holzschieber und -löffel leiten die Hitze nicht und sind an Pfanne und Topf sinnvoll.
Pfeffer muß immer in unmittelbarer Nähe des Tatorts stehen. Bereits gemahlener ist nur noch als Niespulver einsetzbar: Auf dem Bord steht eine schlichte, unverwüstliche Metallmühle, die schraddelt die weißen Körner mühelos klein und verliert dabei keine Schräubchen, Zahnrädchen und Hebelchen, wie andere Mühlen dies gern tun. Die „Moulin à Poivre" von Perfex/Saint Etienne (gibts in diversen Küchenläden) könnte vom robusten Design her durchaus auch als Kanonenofen in der Puppenstube Verwendung finden. Übrigens: Der Stümper ist Dauerabschmecker und ißt vom Kuchen beispielsweise nur den rohen Teig wirklich gern.

Teller und Tasse

Nichts ist so unverwüstlich wie Mensageschirr – und genau dort bekam manch einer es auch, Stück für Stück liebevoll in eine Jacke oder Tageszeitung gewickelt und kurzentschlossen samt Tablett in den Fahrstuhl entführt – je nachdem, wie groß der Ärger über das Aufgetischte war.
Puristen mit Sammelleidenschaft schwören dagegen auf weich schimmerndes Bunkerporzellan mit dem Signet „Modell des Amtes Schönheit der Arbeit", früher hämisch „Modellbeamte stören die Arbeit" genannt und wahre Urbilder an Robustheit und Deseleganz. Nicht fallenlassen, sonst splittert das Parkett.

Topf und Pfanne

Der Stümper macht sich einen Spaß daraus, in den Pfannenabteilungen der Kaufhäuser unschuldig zu fragen „Ist die auch stabil?" und auf das überzeugte „Aber natürlich!" des Verkäufers mit einem zweifelnden „Ob das hält?" den Griff abzubrechen. Griffe, soviel sei zum Thema Pfannen vermerkt, halten selten. Der Stümper kauft die Pfanne aus einem Stück schweren Gußeisens und gewöhnt sich an die Handhabung einer Rohrzange. Beschichtete Pfannen, bald nur noch auf Rezept in Apotheken erhältlich, gehören in die Erdumlaufbahn. Übrigens, wer eine alte Eisenpfanne mit blauer Emaille-Innenfläche auftreibt, kann sich glücklich schätzen: Sie ist unübertroffen für Pfannkuchen und Eierspeisen. Überdies ersetzt sie eine sogenannte Gratinform, in der Gerichte im Backofen riminiartig überbräunt werden.

Der Stümper braucht drei Töpfe in unterschiedlichen Größen. Zwei davon haben einen bündig schließenden Deckel. Da die bisherige Ausrüstung preislich knallhart kalkuliert war, kann beim Topfe geklotzt werden. Die relativ pfuschsicheren Kupfertöpfe der Firma Spring Switzerland aus der Culinox GL-Ecke („innen Edelstahl, außen Kupfer, mit Messingbeschlägen") dürfen es schon sein, und die sind auf den ersten Blick nicht billig. Gleichwohl altern sie nicht wirklich, sind pflegeleicht und werden beim Umzug schon aus reinem Geiz nicht vergessen; das stärkt die Stümper-Topf-Bindung. Die sechsschichtigen Böden und Wände dieser grandiosen Töpfe sind aus einem Guß und leiten die Wärme von allen Seiten (Energie und Fettersparnis!) gleichmäßig zum Gargut. Anbrennen tut am Edelstahlboden so leicht nichts. Ein kleiner mit einem Durchmesser von 18 cm und ein pfannenartiger Topf (ca. 25 cm) mit langem Stiel reichen vollkommen. Für diese Töpfe wird von der gleichen Firma ein Dämpfsieb-Aufsatz aus Edelmetall in den Handel geschickt, der genauso eng anliegt wie der Topfdeckel und beim schonenden Garen von Gemüsen, Kartoffeln, Couscous usw. beste Dienste leistet.

Für Spaghetti (und natürlich zum Dämpfen) tut's ein einfacher, hoher Alutopf – ideal auch zur Spargelzeit (aber wer schält die Dinger? Spielende Kinder vom Hof?) mit einem Fassungsvermögen von 5 bis 8 Litern samt Siebeinsatz zum Dämpfen (kann gleichzeitig zum Nudelabgießen u. ä. genutzt werden) und Deckel.

Hinzu kommt noch das allerliebste Soßenpfännchen, die sogenannte „Sauteuse", ein offener Kleintopf (Durchmesser etwa 15 cm) mit dickem Boden und schräger Wand aus Edelstahl sowie fest angeschmiedetem Griff. Er dient zum Soßenzaubern („aufschlagen", „unterziehen", „reduzieren", „imponieren"!), Dosenaufwärmen, Süppchensimmern, Gemüse verbuttern und für sonstige Schwenke. Ambitionierte Laien kaufen sich zusätzlich

ein Spitzsieb, mit dem sie zerkochtes Gemüse, Zwiebelschalen oder Fleischfasern mittels Druck eines Löffelrückens aus dem Topf in die Soße seihen.
Polyglotte Anmutung verleiht der Besitz eines sogenannten „Wok". Die fernöstliche Pfanne wirkt auf das menschliche Auge wie die Kreuzung eines Stahlhelms mit einem Chinesenhut, und seine erfolgreiche Benutzung verlangt gleichermaßen Ikebana-Fingerspitzengefühl und Mut zur Wucht. „Wok" heißt soviel wie „immerzu rühren", und das ist es auch schon, was man von der Chinapfanne wissen muß.
Drahtsiebe und Küchenschüsseln (hier darf Gummi einmal sein) übernimmt der Stümper mit dem Mietvertrag – es gibt keine Wohnung, in der nicht ein paar davon herumfahren. Schön in Essigwasser einweichen, wild durchspülen und „Neu!" dazu sagen.
So, damit steht die Hardware. Ab sofort will der Stümper offensiv im Bratenduft wedeln. Zuvor muß er noch schnell was einholen gehn. Dosen dürfen auch dabei sein.

L' important, c'est la dose

Wenn es stimmt, daß Dosenfutter so restlos von Übel ist, dann gäbe es kaum Haustiere in diesem Land: Die Chappi-, Whiskas- oder Kitekat-Welle hätte sie längst ins Verderben gerissen. Aber sie, die strikt dem Instinkt folgen, leben noch und wedeln wild mit dem Schwanz, wenn sie ein Stück Blech wittern.

Außerdem: Der geschmolzene Ostblock wäre längst dem Skorbut oder ähnlichen Mängelkrankheiten erlegen. Statt dessen neigen unsere neugewonnenen Brüder und Schwestern zu imperialistischen Ausuferungen an Körperstellen, die der noch westliche Nachbar trotz Suff und Currywurst nur selten so nachzurunden vermag. Woran's liegt? Natürlich ißt man im ehemaligen drüben fetter. Ein anderer wesentlicher Faktor ist der Verzehr angedickter, eingeweckter, vorgelabberter Dosenwaren. Genau das Zeug, das Touristen des Novemberlands in den Restaurants auf wohlgefüllten Tellern finden und das mal als „Mischgemüse", mal als „Gemüse der Saison" oder gar als „Salatvariationen" oder auch als schlichte „Sättigungsbeilage" daherkommt. Meist besteht es aus einem wässerigen Stück Sellerie, ein paar Scheiben Möhren, Erbsen und einer beängstigenden Menge Rotkraut.

Man ist geneigt, den Verfechtern gesunder und gesünderer Lebensweisen eifrig zuzustimmen, fände der Stümper auf seinen Beutezügen durch die Supermärkte nicht immer wieder Konserven, die ganz arglos das Beste vom Besten aufgehoben zu haben vorgeben. Erschwingliche Ware und laut Etikett von echten Küchengöttern wohlwollend rezeptiert und überwacht. Die Rede ist von den Schildkrötenohrensuppen und den Känguruhlenden in eigenem Beuteljus, den Filetspitzen des roten Wanderbären, den submarinaren Tiefseefischterrinen und Tiefschneehasenläufen u. a., die die Hersteller von Luxuskonserven selbstbewußt in die Regale pflanzen. Trotzdem, der Feinschmecker findet in der Dose letztlich auch nur dasselbe wie in allem anderen: viel Wasser und wenig Wahrheit.

Fortschrittlichere Zeitgenossen haben sich nicht gescheut, ihre Küche mit einem Radio auszustatten, das auch Gefrorenes wiederbelebt. Die Hersteller preisen die sogenannten Mikrowellengeräte (Kinder, Hallo Linus! Hallo Luzie! sagen „Bimm-Ofen", weil's Bimm! macht, wenn er fertig ist) als die Revolution auf dem Küchensektor. Tatsächlich läßt sich kaum mit weniger Aufwand mehr Unsinn anstellen. Wer eine Bratwurst etwa den Schwingungen des Schnellen Brüters aussetzt, staunt nicht schlecht. Das Ding stimmt nach ein paar Sekunden schrille Pfeiftöne an, die nach kurzer Zeit in ein sonores Röcheln übergehen, ehe das Preßfleischobjekt mit einer schmatzenden Detonation das Sichtfenster verklebt. Ähnlich unterhaltsam ist die wundersame Vergrößerung eines Negerkusses: Der bläht sich auf, als wolle er diesen dicken Kuß der ganzen Welt verpassen (Kommentar von Tante Lisbeth: „Jaja, der Beethoven, der konnte was!").

Wer Action-Painting und übersinnliche Elektrospiele weniger mag, greift schnell zu den bunten Schächtelchen der Mikrowellenkonserve. Von barbarischen Pekinger Friedensenten bis zur „Nudelpfanne trivial" reicht die Palette. Tatsächlich sind die Ergebnisse zunächst frappierend. Nach Dose zumindest schmeckt das trockene, knackige, seltsam faserige Zeug gewiß nicht. Eher werden Vermutungen wach, die Gentechnologie hätte schon ihre Finger in den Suppentopf gehalten und uns ein paar Neuzüchtungen auf die Gabel gelegt. Aber nein, es steht Möhre dran, wird also auch Möhre drin sein. Armes Ding, was haben sie aus dir gemacht? Wenn dann gleichzeitig die Filetstreifen knusprig heiß geworden, die benachbarten Wassermelonenbällchen jedoch eiskalt geblieben sind, packt den Stümper eine ängstliche Unruhe angesichts der Wunder von Technik und Weltraumpfannenbeschichtung. Er überläßt die Mikrowellenherde Bräunungsstudios und Osterkükenausbrütanstalten – und kehrt zur ordinären Dose zurück.

Die Dose endlich ist es auch, die der Stümper in sein stets ein wenig verwundertes Herz schließt. Dosenlinsen etwa in Salz und Wasser: Glatte 14 Sorten zählt der Stümper in den Regalen seiner Stadt, und eine ist körniger und glatter als die andere. Tomatenmark in zierlichen Döschen: Kaum zu übertreffen, was man damit alles machen kann. Eine ganze Cocktailschule gründet auf der Verwendung dieser fabelhaft bunten Obstschnipsel, die als Cocktailobst Geschichte gemacht haben. Und wo, bitteschön, wachsen die zuckerigsten aller Feigen, danach lechzend, mit Wodka, grünem Pfeffer (zierliche Zwergdose!), Vanilleeis und Schlagsahne verfeinert zu werden? In Dosen.

Es gibt, man muß es zugeben, eine Reihe von Nahrungsmitteln, die aus Dosen einfach besser schmecken als frisch von der Scholle. Dazu gehören Ananas, Aprikosen, Mandarinen und Pfirsiche, die gesteigert munden und dazu noch pausbäckig glänzen wie das elend gesunde Früchtchen auf der Brandt-Zwieback-Packung. Vermutlich be-

kommt den Grundfrüchten der Stümperküche die Reifung in der Nacht der Dose genauso gut wie einem edlen Hochburgunder in seiner Jahrtausendflasche.
Ähnlich solide Grundlage einer schonungslosen Geradeausküche ist das Angebot an Eintöpfen. Eintopf ist kein Topf, sondern die bewährte Kombination von Ewigkeitswerten. Bohnen mit Speck! Erbsensuppe! Linsensuppe! Pichelsteiner! Kartoffelsuppe! Diese Namen klingen wie Bollwerke immerwährender Sättigung, und die Erinnerung schwelgt in Plastikschüsseln voller Gulaschsuppe, wohlgefüllt durch die vierrohrige Gulaschkanone „Justus" der Freiwilligen Feuerwehrreserve Dielbach-Post Anno Suppenundsiebzig.
Nur dem selbstlosen Selbstversucher vollends erschlossen ist das geheimnisvolle Feld der Alchemie mit Dosen. Bihuhnsuppe („Sind da eigentlich zwei Hühner drin?" „Wenn drei dieser perfiden Kampfvögel drin wären, hieße es ja Trihuhnsuppe!") aus der Dose wird da mit angebratenem Speck und einem Klacks Apfelmus abgerundet; eine 86er Lauchcreme von Unox räkelt sich verführerisch in einer Aldi-Gulaschsuppe unbekannten Jahrgangs, einem Schlenker süßer Sahne und 0,04 l Jägermeister oder Sechsämter.
Gedoste oder verflaschte Multigemüsesäfte und Tomatenpüree im Tetrapack stehen wie geladene Büchsen in der Speisekammer, bereit, jedem unverhofften Eindringling die Suppe zu verlängern. Wenn Not am Mann beziehungsweise Verwandtschaft im Anmarsch ist, können diese Über-Flüssigkeiten vermittels Butter, Zwiebel, Brühwürfel und Sojasoße zu eigenständigen Suppenabenteuern ausgebaut werden.
Man sieht: Mit kontradosigen Gemeinplätzen wird man der Konserve als solcher nicht gerecht. Der Stümper betrachtet das Reich der Konserven gleichwohl mit wachem und skeptischem Blick (vgl. „Warenkunde" im Anhang).

Gute Güte & wahre Ware

Der stümperhafte Bintje-Schäler

Der Stümper hat jede Menge Freunde, und die meisten von ihnen wären gern Italiener. Jedenfalls muß man das annehmen, wenn man sieht, mit welcher nichtendenwollenden Begeisterung sie Nudeln aus dem Supermarkt heimtragen, italienische Nudeln natürlich, Marke Barilla und gar nicht so billig. Diese Freunde halten sich für die größten Freischmecker an Gottes langem Tisch – dabei würden sie einer Packung eingeschweißter, matschiger Tortellini mit überarbeiteter, fragwürdiger Fleischpaste und diffuser Tütensoße den Vorzug geben vor einer frischen Kartoffel.

Der Stümper dagegen ist ein großer Freund der ganz gewöhnlichen Kartoffel, ein sogenannter „Potatist". Er ißt sie in fast allen ordinären Zubereitungsformen. Er kriegt im Frühjahr feuchte Finger, wenn noch sündhaft teuer die ersten Frühkartoffeln roterdig und dünnhäutig vom Marktstand herüberlächeln. Der Stümper liebt das Knacken der Keime, wenn er im Keller unterm Weinregal gleich neben der auf Getier gespannten Mausefalle noch eine einsame, verirrte Vorjahreskartoffel findet.

Weil er die Kartoffel liebt, kann er nicht dulden, daß ihr Leids getan wird. Deshalb kommen beim Stümper nur frische Kartoffeln auf den Tisch. Konservenkartoffeln im Glas hält er für Vandalismus, Vorratstüten mit Siedestäbchen und pappigen Brei aus trockenem Pulver für einen Fall für Amnesty Potatoenal. Also hat sich der Stümper daran gewöhnt, die Kartoffeln zu schälen. Ungern anfangs und mit eher kubistischem Erfolg. Inzwischen geradezu perfekt mit einem dieser üblich gewordenen Kartoffelschälmesser – und zwar ganz ohne Verlegenheit ob des trivialen Gegenstandes.

Allerdings freut sich der Stümper jedes Mal über eine Gelegenheit, um das leidige Schälen herumzukommen. Pellkartoffeln beispielsweise, bei denen die Schale erst am Eßort mit spitzem Finger abgezupft wird, ehe der dampfende Knoll in kühlen Quark mit Schnittlauch taucht. Oder Biobackkartoffeln, bei denen die gut gewaschenen Erdäpfel halbiert mit der aufgeschnittenen Seite nach oben auf ein Backblech gelegt und mit Salz, Pfeffer, Oregano und einer soliden Flocke Butter belegt werden. Nach einer Viertelstunde sind die Dinger durch und schmecken knusprig gut in Schale.

Ausgestorbenes oder die Goldenen Äpfel der Geschichte

Der Vater des Stümpers mochte keine Äpfel. Das heißt: Er konnte sich kaum Wohlschmeckenderes vorstellen als Äpfel. Nur mußte es, angesichts der Einheitsverapfelung in den Supermärkten, beim Vorstellen bleiben. Die wahren Äpfel, die alten Sorten „Klarapfel", „Gravensteiner", „Goldparmäne" oder „Morgenduft", haben drei, vier Standards Platz gemacht, die ganzjährig erhältlich sind und weiß der Teufel woher kommen.
In den Zwanziger Jahren konnte man in einer mittleren Großstadt ohne größere Schwierigkeiten zur Apfelzeit gut und gerne dreißig verschiedene Sorten bekommen, heutzutage ist es schon eine kleine Sensation, wenn ein Züchter eine andere Sorte wieder anbaut und man nicht nur auf Golden Delicious & Co. angewiesen ist.
Beim Gemüse ist es nicht anders. Holländische Treibhauserfolge sind geradezu ein Synonym für anämische Geschmacksarmut geworden. Tomaten der Gegenwart sind hartschalig und perfekt im Glanz. Und sie schmecken in Richtung Null. Champignons schmecken wie jede andere Sofafüllung auch, und der Stümper denkt wehmütig zurück an ganze Körbe voller Hallimasch oder eine kostbar würzige Handvoll Ziegenbart, der mittlerweile schlichtweg als wegrasiert gilt.
Oder verklärt nur der Blick zurück die malträtierten Geschmacksnerven? Nein. Ein Taylor's Vintage von 1945, ein Portwein aus einem exquisiten Jahrgang also, hat eine Qualität, die von den Erzeugnissen der Gegenwart auch nach ebenso langer Reifung nicht erreicht werden wird. Mutters Leberpastete von früher konnte auf geschmackstiefere Produkte zurückgreifen als die industriell in die Dose gepreßte Wurstmasse von vorhin. Apropos Leber: Eingeweide und Waldfrüchte, Tee, Pilze und Beeren sind objektiv (Geigerzähler!) meßbar mieser geworden, seit den russischen Nuklearköchen ihr Überdruckkochtopf Tschernobyl um die heißen Ohren geflogen ist. Und was sich da so sanft auf den Kopfsalat legt und den Rhabarber mit einem zarten Hauch benetzt, ist nicht kühler Tau, sondern der vieltaktige Fallout der nahen Autobahn.
Stümpern sind diese Unzulänglichkeiten bewußt. Jede aufwendig eingeflogene neue südamerikanische Tropenfrucht erinnert ihn an den schmerzlichen Verlust der Zuchtnamen bei deutschen Erdbeeren; jeder gefesselte und eingeschnürte Kopf Eisbergsalat ist ihm ein Mahnmal für die weitgehende Ungenießbarkeit der heutigen Sauerampfer, Brennessel und Richard Löwenzahn.
Der Illustrator dieser melancholischen Betrachtungen, Brösel selbst, geht gar noch weiter und steht mitunter abschiednehmend vor dem Suppenregal bei „Famila" in Flintbek/Holstein. Er, einer der großen Tütensuppenkönige, hatte noch vor ein paar Jahren

IS DOCH NICH MÖÖCHLICH, HAM DIE DIE SCHÖNE, SCHÖNE CURRYRAHMSUPPE AUSM PROGRAMM GENOMMEN!
SUPPEN-GLÜCK
UNOX
MAGGI
Knorr
ZAMEK
BASSERMANN
Erasco
LACROIX
JENSENS
Langbehns
HEINZ
BÖLKSTOFF
HAU WECH!

eine definitive Curry-Rahm-Suppe im Topf, die im Verein mit Eierbackerbsen und Meica-Rindswürstchen geeignet gewesen wäre, jedweden Vorurteilen gegen fade Instantverköstigung den Wind aus den Vollwertsegeln zu nehmen. Die Suppe ist nicht mehr im Angebot, wegzensiert zugunsten der siebzehnten Tomatensuppenvariation, untergegangen und vergessen in der großen Terrine des für immer Verdauten.

Pech für die Schweine

Der Stümper als leidenschaftlicher Esser wird oft nach seinem Standpunkt gefragt, was den Vegetarismus angeht und scheut sich nicht vor der Antwort. Einige seiner besten Freunde sind Schweine. Trotzdem kommt bei ihm Fleisch in die Pfanne – mit allen Einschränkungen, die ein denkender Mensch heutigentags in dieser Hinsicht machen muß. Rund 120 Millionen Schweine lassen alljährlich im vereinigten Deutschland ihr kurzes Leben. Das ist ausgesprochenes Pech für die Schweine. Aber schlimmer als ihr früher Tod ist ihr Leben davor. Der Stümper ist der Ansicht, daß diese Schweine und mit ihnen alle Kühe, Rinder, Pferde, Hühner, Lämmer, Ziegen und sonstiges Eßgetier wie Kriegsgefangene behandelt werden sollten, also mit ordentlich Respekt, guter Ernährung und vor allem viel frischer Luft und reichlich Platz. Statt dessen scheint lediglich der Anspruch auf medizinische Versorgung übererfüllt zu werden. Wenn der Stümper eine Erkältung hat, ißt er ein Stück Schweineleber, die denkbar komprimierteste Form der Antibiotika-Aufnahme. Ansonsten läßt er die Finger vom Schwein, wo immer das möglich ist, und befriedigt seine Fleischeslust bei Rind und Lamm und immer wieder bei Elfriede.
Betrübt stimmt den Stümper auch, wenn er sieht, wie silbrig quick die Fischlein glitzern. Was mancher Angler schwitzend und schimpfend aus der brackigen Brühe zieht, ist oft nicht die Frische der Natur, sondern Quecksilber für ein halbes Fieberthermometer. Den Fischen aus deutschen Flüssen hat der Stümper daher längst Lebwohl gesag – am liebsten äße er nur noch Fisch aus Ostgrönland und von den Bäreninseln, wo das Wasser noch nicht rezeptpflichtig ist.

Ein Stümper ißt nie allein

Der Stümper als Gastgeber

Plötzlicher Besuch

Große Feinschmecker werden blaß bis in die Boxershorts, wenn liebwerte Freunde plötzlich vor der Tür stehen und dem gewieften Bonvivant, der 17 bessere Bordeaux' eines Jahrgangs ohne nähere Etikettbefragung auseinanderhalten kann, dabei erwischen, wie er ein mit Ketchup bekleckertes Rührei verschlingt, als würde er mit gezogenem Revolver dazu gezwungen.

Der Stümper dagegen goutiert derlei ohne jede Gewaltandrohung und vor allem: ohne Scham. Er kaut deswegen keine Umdrehung schneller. Gegen verächtliche Vorurteile ist er gefeit, denn er weiß, was er tut, und vermag dies jederzeit (vor allem auch dem Intim-Pöbel aus aufdringlichen Verwandten, flüchtigen Bekannten und engstirnigen Busenfreunden) glaubhaft zu machen. In unserem Fall, dem in Ketchup ersoffenen Ei, liegt die Begründung des unkultivierten Tuns wirklich auf der Hand. Das vermeintliche Rührei ist ein mit Safran und San Pellegrino-Tafelwasser wundersam aufgeschäumtes Wachtelgelege (jeder Tölpel weiß, daß nur die Eier eines gemeinsamen Geleges die geschmacksirritierenden Mischfutternuancen wirklich ausschließen).

Als kritischer Unterton zur Tragödie fortgesetzter Singvögelverarbeitung jenseits der Alpen wurde es mit schnödem Industrieketchup bewußt konfrontiert. Der Kontrast ist nicht nur farblich genial. Das von der Krone einer mächtigen Eibe zärtlich behütete junge Elternglück eines putzigen Wachtelpärchens hie – das gnadenlos essigsaure Ketchup hott: Eindringlicher kann das Schicksal des natürlichen Lebens in der Galanteriegesellschaft kaum auf den Punkt gebracht werden. Ein gekochter Aufschrei sozusagen läßt die gerade eben noch hohngrinsenden Eindringlinge nun betreten schweigen. Ungestört schaufelt der Stümper die letzten bunten Fetzen vom Teller.

Gute Freunde

Wahre Freunde, das weiß der Stümper aus eigenem Tun, kommen nie grundlos. Sie haben Hunger, Liebeskummer oder brauchen Geld. Oder sie kombinieren alle drei Gründe zu einem einzigen, frech fordernden „Hier steh ich nun, nun mach was dran." Für den virtuosen Gastgeber kein Anlaß zu jäher Veränderung der Freundschaftspolitik („Hinaus mit dir, du Blutsauger!"), sondern vielmehr echte Herausforderung. Wer sein

TSSSS
ZZZT
WHOOSSSH!!
ZIT
KNISTER!

Sparschwein im Koben lassen möchte und auch an den pseudoamourösen Langweilereien des Besuchers nicht interessiert ist, kann sich nur durch eine profunde, maulstopfende Verköstigung retten – und zwar aus dem Stand mit Stümperknowhow.
Für diesen kulinarischen Rettungsschuß hält der Stümper immer eine eiserne Reserve im Kühlschrank bereit, die sich aus wohlgewählten Zutaten eines Überraschungsmenues zusammensetzt; überraschend schnell zubereitet, überraschend überfallartig im Geschmack und eiskalt kalkuliert auf durchschlagende Wirkung.
Ein kleines Beispiel für einen Snack Marke „Alles halb so schlimm, Eugen, ich mach' uns schnell was Warmes, dann sieht die Welt schon anders aus" ist der Sturz von der chinesischen Mauer. Natürlich sollte diese fernöstliche Variante der Gastfreundschaft nicht in ihrem doch recht durchschaubaren Arbeitstitel daherkommen, sondern mit einem klangvollen chinesischen Namen freudeglänzen, naturgemäß immer unter dem Vorbehalt, daß der Freund kein Chinesisch kann (der Stümper selbstverständlich noch weniger). Die Rede ist also von Teng Malong („Das abrupte Ende des jungen Hundes"), Tok Zing Tao („Falschausspielender Stallausmister") oder Ming Bao Hweng (das nicht übersetzt werden kann, da es lautmalerisch das Geräusch der Beseitigung eines Düngemittelcontainers durch die Müllabfuhr von Peking, Distrikt Nord, umschreibt). Entscheidend sind Klang und Phantasie: Nur Mut, es lohnt sich. Noch ist kein Chinese vom Himmel ausgerechnet hierher gefallen.
Die Zutaten des zuvorkommenden Gastmahls sind schnell aufgezählt: Eine Dose Lychee-Früchte (chinesisches Erdbeer-Surrogat), Sternanis, ein Fläschchen Reiswein, eine hochprozentige Flasche Schnaps (z. B. der bewährte Stroh-Rum). Die Lychees werden mit dem Sternanis in der Pfanne kurz angebraten, mit Reiswein abgelöscht und dann mit zwei Wassergläsern Schnaps überschüttet und sofort angesteckt. Es tut einen Rums!, der Sternanis fliegt knisternd durch die Küche, der Freund ist begeistert vom Feuerwerk und nach den ersten zwei Bissen dermaßen sturztrunken, daß von „Haste mal'n Hunni" und „Ich habe Ilse mit diesem Gottlieb erwischt" keine Rede mehr sein wird.
Die Lychees besänftigen das gegen den Schnaps revoltierende Gedärm und machen den Freund vor allem einem gutgemeinten Ratschlag zugänglich: nach Hause zu gehen, die Sache nochmal zu überdenken und einmal richtig auszuschlafen. Obendrein sichert Teng Malong des Stümpers Ruf von Originalität und chino-italer Listolante-Kompetenz und festigt jede gute Freundschaft nur noch mehr – wenn der Kerl sich tags darauf überhaupt noch erinnern kann, wo er gestern gewesen ist.

Die Einladung

Überraschungsbesuch also stellt den Stümper vor kein nennenswerteres Problem (den verkokelten Sternanis entfernt man mit einem Lötkolben leicht aus dem PVC des Küchenbodens) gewiefter allerdings muß vorgegangen werden, wenn Freunde, Arbeitskollegen oder gar hochvermögende Geschäftspartner zu einem Abendessen geladen werden sollen. Ein solcher Abend soll sich schließlich in das Goldene Buch der Gastfreundschaft einfressen wie ungelöschter Kalk. Er bedarf entsprechend sorgfältigerer Planung und gezielten Einkaufs.

Zunächst stellt sich dem Stümper die Grundfrage jeder Bewirtung: Wie lieb sind mir, die da kommen? Kaum, weniger oder gar nicht? Sind gute Freunde avisiert, zieht der Stümper gern sämtliche Register seines umfangreichen Könnens. Dabei ist all sein Tun den drei heiteren Maximen nobler Gastfreundschaft unterworfen:

Nur Deppen lassen sich nicht lumpen.
Weniger ist mehr.
Hauptsache, ich sitze neben Rotraud.

Folgerichtig beginnen die Vorbereitungen mit der Aufstellung eines Sitzplans. Nicht steife Konvention gibt hier den Ton an: Erlaubt ist, was spaßig zu werden verspricht... Bernd zum Beispiel bringt sein Frauchen nur unter Vorbehalten mit, seit diese ihre glutvollen Augen auf den dicken Martin geworfen hat. Prompt sitzt sie dem unerträglichen Charmeur direkt gegenüber. Von Ulrike sind nervtötende Tiraden auf Ostaussiedler zu erwarten; sie sitzt zwischen den Baßboxen, die ihren Redeschwall mit dumpfem Dröhnen überwabern. Paul wird besoffen wieder den Faschisten markieren; er wird flankiert von zwei eingefleischt grünalternativen Sportlehrern, die in solchen Fällen nicht lange fackeln. Und Rotraud... ja, Rotraud sitzt im romantischen Abseits, kandelaberbeleuchtet und stümperbelabert, drei Sektkühler in Rufweite.

Was soll da noch schiefgehen?

Ähnlicher Weitsicht bedarf der Aufbau des Gedecks. Der Stümper hat eine Vorliebe für Mensageschirr (vgl. „Eigener Herd ist nie verkehrt") und weiß auch warum. Designerporzellan ist in aller Regel unbenutzbar und verleitet den irritierten Esser, das bunte Dekor unter dem Gemüseallerlei mitzuessen. Klassiker der Eleganz wie Rosenthals „Omas-Sankt-Nimmerleins-Sammeltasse" sind ein Fall für die Vitrine. Das Geschirr des Stümpers ist schlicht und weiß und macht Beulen, wenn der Kopf beim Nachschlag krachend auf den Teller sinkt. Obendrein geben schwere Teller den mickrigen Kleinspeisen eine massive Illusion von Gewicht. Für den Fall der Nachfrage hält der Stümper einen

dschungeligen Wust von Halbargumenten bereit, etwa: „Als Marcel Breuer in den frühen Zwanzigern den Kunstanspruch des Bauhauses auf die Dinge des täglichen Lebens ausweitete, ging es ihm darum, möglichst schlichtes, naheliegendes Design zu entwickeln – eine Archetypik der Gebrauchsgegenstände zwischen Blechnapf und Tränenkrüglein sozusagen. Eleganz ist eben keine Frage von (rümpft die Nase) Ornament, sondern von Genie. Und wahre Eleganz findet man in all diesem dekorverbrämten Müll heutzutage nur noch da, wo Einfachheit die Regel ist, zum Beispiel in der Unikantine. Deshalb habe ich mir vom Hersteller diese limitierte Kleinserie „Uni Bochum" anfertigen lassen. Finden Sie nicht auch, daß dies hier der Inbegriff eines Suppentellers ist?" (Hebt den Teller und dreht ihn begeistert ein paarmal. Die Suppe pladdert auf den Tisch und beendet schlagartig das peinliche Thema.)

Die Begrüßung

der Gäste an der Tür sollte einem alten Kameraden anvertraut werden. Das vermittelt geradezu adelige Gepflogenheit, feierlich wie förmlich. Der Gastgeber allerdings, im Wohnzimmer in tiefes Gespräch verstrickt („Jaja, Mallorca... Mit Ernst Jünger hab ich auch so meine Probleme, aber er schreibt wie ein Maserati!"), springt beim Eintritt jedes neuen Gastes unverzüglich auf, strahlt über das ganze Gesicht, breitet stehend die Arme aus, als wollte er davonsegeln, ruft dann den Namen des neuen Gastes mit allen Titeln. Alle Umstehenden wissen jetzt, mit wem sie es hier zu tun haben („Mein lieber Herr Historienmaier Pinselpichler!"), macht dann zwei schnelle Sätze auf den so Angebrüllten

zu und ergreift dessen Rechte mit beiden Händen zu einem vehementen Schütteln: „Daß *Sie* doch noch kommen konnten! Ich bin überglücklich!"
Gleich hat der Abend etwas Besonderes, die Wiedervereinigung alter Freunde ist erfolgt, jeder Gast fühlt sich bevorzugt behandelt. Es folgt die unumgängliche Justierung des Ankömmlings. Dazu schätzt der Stümper mit blitzschnellem Kennerblick den Alkoholgehalt der übrigen Anwesenden und offeriert dem Neuling je nach kollektivem Pegelstand Champagner, Likör oder einen kurzen klaren Gemütsaufheller zum Aufholen.
Hinweise auf Diät, Auto, religiöses Bekenntnis oder eine erfolgreich abgeschlossene Entziehungskur werden mit einer großzügigen Geste beiseitegewischt:
„Das geht mir ganz ähnlich, mein Lieber, aber heute, heute wird gefeiert!" Das Tischgespräch dreht sich neben kurzen Abstechern in die Tagespolitik, das Liebesleben und die Immobilienpreise vor allem natürlich um das Eine: das gute Essen. Alle haben sich glücklich zu schätzen, in der Person des Stümpers einen wahren Kenner in ihrer Mitte zu wissen, der sich nicht lange bitten läßt, mit seiner Sachkenntnis zu glänzen. Dazu gehört neben dem beziehungsreichen Schweigen über die Zutaten des eben Einverleibten vor allem ein opulenter Small Talk. Dem freien Fabulieren sind keine Grenzen gesetzt, Widerspruch eines Gastes gibt den Unbedarften alsbald der Lächerlichkeit preis. Nie vergessen: Große Namen veredeln noch die unverschämteste Schutzbehauptung. Ein Standardrepertoire sollte der Stümper tunlichst auswendig lernen:
„Dem hat ja nun Hellrigl seinerzeit gottlob einen Riegel vorgeschoben!" (Hellrigl war Chef des italienischen Restaurants „Andrea" in Meran, wirkt in New York und bekochte auch den Weltwirtschaftsgipfel 1987 in Venedig, das sogenannte „Gipfelfressen".)
„Eine Unsitte! Witzigmann würde sich kaputtlachen!" (Deutschlands erster und ehrwürdiger Drei-SterneKoch, Chef im Münchner „Aubergine" sowie Fertigmenüschneider.)
„Ungelogen: Für eine Horde Reiskocher hat der gute Wodarz tatsächlich seine Porzellanente geköpft... " (Hans-Peter Wodarz gilt als PR-Zauberer seiner Branche. Sein ehrgeizheischendes Erkennungszeichen ist eine Porzellanente unter'm Arm, die er von Fototermin zu Fototermin schleppt.)
Wirkungsvoller noch als die bloße Anrufung der Götter mit Kochmütze ist das bescheidene Verweisen auf persönliche Beziehungen zu denen ganz oben:
„Das Rezept wollte Franz auch immer..." (Franz Keller, sagenumwobener deutscher Kampfgastronom hoch über den Wipfeln des Kaiserstuhls.)
„Ich hebe immer eine Portion auf, falls Gualtiero reinschneit." (Gualtiero Marchesis inzwischen konkurses Restaurant in Mailand zählte zu den besten der Welt.)
„Das mußte ich damals auch Agnes beibiegen." (Agnes Amberg betrieb in Zürich neben

ihrem angesehenen Restaurant eine exorbitante Privatkochschule.)

Wenn es denn partout einer der Gäste besser wissen will („Tante Lisbeth hat die Schupfnudeln immer anders gemacht"), bitte, nur zu, der Weg in die Küche steht in einer funktionierenden Demokratie jedem frei. Der Stümper sonnt sich derweil im Glanz des selbstbewußten Erneuerers überkommener Provinztradition und übergießt das in aller Hektik vom Kontrahenten Fabrizierte mit einem soliden Dressing aus Mitleid und Häme: „Daran muß sie wohl gestorben sein, die gute alte Tante Lisbeth."

Ernsthafte Gefahr der Überflügelung besteht eigentlich nie. Merke: Stümper wird man nicht, man ist es! Und als solcher weiß man eben, daß der Ton die Musik macht. Jedes einzelne Rezept aus dem Rezeptteil ist jedenfalls stabiles Fundament einer ganzen Weltanschauung und beschummeltes Gesprächsthema langer Partyabende: Und daß das Gespräch die richtige Wendung nimmt, dafür sorgt der Stümper mit ehrfurchtheischendem Küchenfranzösisch, was jeden Champagner sauer werden läßt. Ohne jedes Erbarmen.

Passieren und passieren lassen

Die letzten Großtaten schöpferischen Küchentuns erleben nicht etwa Franz Kellers Claqueure, sondern die besonnenen Männer mit Schlauch: die Feuerwehr nämlich.
Was da als bedrohliche schwarze Kokelwolke aus dem geborstenen Hochhausfenster quillt, ist tatsächlich oft nichts anderes als ein weiterer Versuch, der neuen deutschen Küche ihre unverfälschte Herzhaftigkeit zurückzugeben: durch Anbrennen.
Ein Versehen? Aber nicht doch. Wer sich ärgert, wenn die Sauce am Topfboden anklumpt und urplötzlich brandig wird, ist selber schuld. Es besteht kein Grund zum Aufruhr, wenn das eben noch goldig braune Huhn in der Röhre plötzlich wie die Fratze des Leibhaftigen pechschwarz durch die Panoramascheibe starrt und der Glühwein mit einem vulkanischen Blubbern das letzte bißchen Restalkohol an die Atmosphäre abgibt.
Dem Stümper verhilft gerade das unmittelbare Hantieren mit den Elementen zu Kreationen von urtümlicher Wucht. Keine gemüsegartenrodende Völlerei, die sich mit Lauwarmem zufriedengäbe, wo sie Höllenheißes kriegen kann.
Obendrein: Was den aschfahl werdenden Sportkoch als das Ende der guten Absicht dünkt, womöglich noch vor gabelschwingendem Publikum, läßt sich in aller Regel mit einfachen Kniffen ins Gegenteil und in umfassenden Triumph verkehren. *Nicht weinen, wenn's anbrennt.* Schnell ist das schwärzliche Gekrümel aus der Pfanne gekratzt und mit etwas Mayonnaise zu einem kräftigen Brotaufstrich verrührt. Merke: *Wenn's nix war, setzen wir noch einen drauf. Alles ist Absicht. Wenn's nicht so wird, wie es werden sollte, sollte es so werden, wie es wurde.*
Die legendäre versalzene Suppe wird nur von Kretins panisch verdünnt. Der Stümper wirft flugs drei rohe Kartoffeln oder einen ordentlichen Kanten altbackenen Brots ins natriumhaltige Naß, läßt es ein paar Minuten still und bescheiden weiterkochen und entfernt die ungebetene Einlage nebst einem Gutteil des Salzes wieder (beides, Kartoffeln und Brot, wird am nächsten Tag angebraten und mit Quark zum Frühstück verzehrt).
Versalzener Reis wird ins Sieb geworfen und unter der Dusche tüchtig heiß gebraust.
Der angebrannte Braten muß nur seiner schwarzen Kruste entkleidet und in ein scharfsaures Bad von schwerem Burgunder und Nelken gelegt werden. Nach kurzem Überbraten ist der Brandgeschmack einer weinigen Schwere gewichen, die wehmütige Erinnerungen an Jagdunglück und Hörnerklang weckt. Noch wirkungsvoller ist das Einlegen in eine aggressive Sauerbraten-Marinade, Buttermilch oder puren Underberg.
„Nasser" Kuchen wird im Mixer atomisiert und in der Pfanne zu krossen Designerkeksen gebraten, die mindestens noch den Nachwuchs ergötzen.
Ungarer Auflauf und plumper Pudding werden in Scheiben geschnitten, auf Backpapier gelegt und im Backofen zu Schlemmerschnitten geröstet.

Letztlich verdankt die Imbißkultur eine ihrer tragenden Säulen einem Küchenunglück. Das zäh und zäher werdende Fleisch, das selbst der Hofhund resigniert liegengelassen hatte, wurde kurzerhand durch den Fleischwolf gedreht (Alexanderwerk 1936: Bessere gibt's nicht!). Mit Ei und altem Brot, einigen Zwiebeln, Knoblauch, Pfeffer & Salz wurde daraus eine Bulette. Daraus folgt: Im Zweifel ist immer das Unerwartete das Richtige. Der Stümper als flexibler Küchengenius hat immer einen begnadeten Einfall, wenn das Stroganoff Gefahr läuft, sich allzusehr von den landesüblichen Zubereitungsformen zu entfernen. Im Nu ist das rauchende Stück mit einer unschuldig zarten Zahnpastaschicht überzogen, die den Brandgeschmack restlos beseitigt und dem Fleisch eine dezente Anisnote verleiht. Eine klare jahreszeitliche Orientierung der Präsentation bleibt gewahrt, hier: Winter, Zeit der Erkältungen und Mentholtaschentücher, die beim „Stroganoff Dental" übrigens auch exzellent die schnupfigen Servietten ersetzen.
Nicht minder überzeugend wirkt eine Panade aus Brotkrumen, einem Ei und einem guten Glas Meerrettich. Sie treibt dem Esser die Tränen ins Gesicht und belebt das Tischgespräch als Anlaß für eine ganze Fülle von Anekdoten („Damals hatte Onkel Erwin auf dem Türkenmarkt diese kleinen grünen Dinger gekauft und dachte, es wären Bohnen..."). Vom krustigen Knirschen der verkohlten Teile wird mit dieser Methode genial abgelenkt.
Die effektivste Form dieser beherzten Gerichtsmedizin ist der „Molotow-Toast". Der Stümper stellt eine Flasche Wein griffbereit, tränkt zwei Topflappen mit Feuerzeugbenzin, wirft sie in den Toaster, schaltet ihn an, greift die Flasche und eilt (!) hinaus. Noch während er draußen mit einem charmanten „Aber meine Lieben, habt ihr denn noch zu trinken?" den aufmerksamen Patron zur Schau stellt, gibt es in der Küche ein vernehmliches Puffen. Der Stümper wird blaß, murmelt ein bestürztes „Himmel, die Gasleitung!" und drängt sich mit den anderen johlenden Partygästen auf die Veranda, während die häßliche Küchengardine, die gänzlich unnötige Kochbuchsammlung und gottlob auch die vermaledeite Vanillesauce von gestern nachmittag in einer fauchenden schwarzen Wolke die Wohnung, wie eingangs erwähnt, durch das Fenster verlassen. Ab sofort versucht der Stümper sein Glück entschieden aushäusig.

Stümpers „Kulinar-Karate“

Ein Stümper geht gern essen, das versteht sich von selbst. Ein entspannter Besuch in einem Restaurant der Kaviarklasse ist äußerst lehrreich: Neue Rezepte werden abgeguckt, man mißt das Dargebotene an den eigenen bescheidenen Kreationen und führt angeregte Gespräche mit Brancheninsidern. Wichtig ist hier wie überall die stimmige Grundhaltung, und die fängt mit der Kleidung an. Sakko, Schlips und Socken (oder das kleine Schwarze, Madame) trägt der Stümper mit

selbstbewußter Nonchalance, die gleich erkennen läßt, daß er sich nicht in höheren gesellschaftlichen Kreisen bewegt wie ein verlorenes Ei in Senfsoße (siehe Rezeptteil). Nicht dauernd an den Bundfalten rumzupfen, sonst keimt schnell der Verdacht, daß Sie den Alltag meist in speckigen kurzen Lederhosen verbringen. Überhaupt ist Souveränität der Schlüssel zum Erfolg: Es spricht nichts dagegen, anstelle eines Seidentuchs einen Gummihandschuh im Jacket zu tragen – solange Sie in der Lage sind, den erstaunten Blicken ringsum mit dem tiefsitzenden Blick des Bruders von Saint Laurent zu begegnen, der allen anderen ungefähr folgendes sagt: „Bedauerlich, daß Sie sich noch nicht über Yves' Frühjahrskollektion Provencalisches Sanitärleben informieren konnten, Sie Hirsèl!" Wenn Sie zwei Paar gute Schuhe haben, ziehen Sie von jedem einen an: Besser zerstreut wirken, als den Eindruck erwecken, man habe nur ein Paar Schuhe.

Das Interessanteste an einer gepflegten Garderobe sind die Accessoires. Eine wahre Wunderwaffe ist ein pfundschweres Notizbuch, zerlesen, zerblättert, mit Eintragungen überwuchert, in dem während des Essens gern und oft herumgestöbert wird. Wer fernbrilliger Bartträger ist (und das läßt sich in jedem Karnevalsartikelgeschäft für diesen Anlaß arrangieren) wird fraglos für Meister Siebeck höchstselbst gehalten, den Rächer der Ernährten, und entsprechend zuvorkommend bedient. In der Regel entfällt sogar die Begleichung der Zeche, die allerdings für den geübten Stümper ohnehin kein unüberwindliches Hindernis darstellt. Doch dazu später mehr.

Die Anfahrt erfolgt stets im Taxi, auch dann, wenn der eigene Wagen um die Ecke parkt. Der Stümper betritt das Lokal und steuert grußlos auf einen der exquisiteren Tische zu. Ein besorgter und beflissener Kellner mag sich dazwischenwerfen; ihn sollte der Regenmantel (gern im Saum mit Wuchtblei monumentiert) und ein kühles „Ich hatte für acht einen Tisch reserviert. Leider mußte Großadmiraldirektor von Reventlow bedauern, wir sind also nur unter uns" zur Räson bringen. Was die Tischreservierung angeht: Wer es sich zur Angewohnheit macht, Restaurants stets pünktlich um „fünf vor" zu betreten, findet immer Platz, den andere dankenswerterweise reservieren ließen. Wenn die Consommé erst im Teller dampft, wird kein Kellner es wagen, die Vorbestellung zu bezweifeln.

Man schreitet frischen Mutes zur Auswahl der Speisen. Kenner und Stümper (wer nennt den Unterschied?) stellen ihre Speisefolge ganz unabdingbar selbst zusammen, anstatt sich auf die vorgeschriebenen Menues einzulassen, die vom Maître nach dem Kriterium „Die Lotte überlagert? Alles Humbug! Bei Gang drei ist sie dabei!" zusammengestellt werden („Bevormundung" nennt das der Laie). Obendrein erkennt man den Connaisseur an der gewieften Zusammenstellung der Gänge. Gleiches mit Gleichem begleiten kann jeder Guignol, aber erst Stopfkuchenterrine an Berliner Pfannkuchen zeigt

den zu allem entschlossenen Hasardeur der Heiligen Cuisine. Frisch gewagt also – wenn der Kellner erkrankt, sei Maggi verlangt! Ähnliches gilt für den Wein. Wir klappen die Weinkarte nach einem durchmessenden Auge achselzuckend zu, heben mit verwirrt gekräuselten Brauen den Blick und fragen mit dem resigniert tadelnden Unterton des etablierten Dandys: „Haben Sie keinen Grand Cru, dem man trauen kann?" Der Mundschenk eilt und schafft aus kellerigen Tiefen ein vereinsamtes Fläschchen vom Feinsten herbei: Das hatte der Prinzipal eigentlich für seine Verlobung reserviert. Beifallheischend hält man uns das Etikett vor die Nase, wir nicken gnädig, kosten... und zucken erschaudernd zurück: „Ich kann mich täuschen, aber ich ahne leichten Kork."
Jetzt sitzt das noble Haus in der Patsche. Zurücknehmen ist nicht, weil's das einzige Fläschlein war, Kork ist beim Chateau Reibach 38er Dorflage einfach wahrscheinlicher als bei einem 94er Ludwigshafener Leberknaller Bahndamm Südseite... Was tun? Der Geschäftsführer kommt und bietet uns verlegen unzulänglichen Ersatz aus der Weinkarte. Er empfiehlt nunmehr, was er wirklich für das Beste hält. Wir sind von aller Sachkenntnis fürder entbunden und haben uns trotzdem einen steilhanglagenrodenden Ruf des echten Kenners erarbeitet.
Gänge kommen. Gänge gehen. Vieles davon dürften alte Bekannte aus dem Rezeptteil sein, die hier allerdings unter wesentlich wohlklingenderen Namen auftreten. Wenn etwas Neues dabei ist, wird sich selbst der blanchierteste Obenherabkellner gönnerhaft dazu herbeifinden, darzutun, um was es sich seines bescheidenen Ermessens nach handelt. Lassen wir alle Worte weg, die mit „... iert" enden wie gratiniert, pochiert, viviseziert , kommen wir der Sache dann schon ziemlich nahe. Wahrhaft innovative Stümper gehen noch am Abend in die heimische Versuchsküche ans unbeschwerte Nachkochen. Dabei wurden schon kulinarische Highlights geboren.
Nach jedem Gang wird sie gestellt, die Gretchenfrage: „Hat's denn geschmeckt, der Herr?" (vgl. weiter hinten). Wer hier vorschnell bejaht, macht sich nur lächerlich; in wahrhaft großen Etablissements bekommen Enthusiasten glattweg Hausverbot. Deshalb: Obacht! Auf Nummer Sicher geht der Stümper mit einer professionellen Detailkritik, die immer stimmt und klar erkennen läßt, daß man es mit keinem Novizen zu tun hat. Für das Gemüse gilt jedenfalls: „Man kann auch feiner tournieren." Das Fleisch zeigt klar: „Man kann auch kürzer sautieren."
Dafür galt schon beim Sößchen rund ums Amuse Gueule: „Man kann auch behutsamer aufmontieren."
Gröbere Geschütze sind bei sehnigem Fleisch im Soßentümpel geboten: „Ich kam aus dem Parieren gar nicht mehr heraus und Fischer bin ich auch nicht!" Oder bei wirklich

imposanten Gemüseklötzen (nebst Seitenblick auf den Kellnerwanst): „Mehr Julius als Julienne."

Generell darf unterstellt sein: Jeder Kellner, jeder Hilfs-, Voll- und Ganz- oder Garkoch wie auch mancher altgourmierende Maître oder exaltierte Newcomer weiß genau, wo er seine Hände gewaschen hat. In Unschuld jedenfalls nicht. Daher wird es schon keinen gänzlich Unschuldigen treffen, wenn der mobile Stümper im Restaurant mal so richtig vom Leder zieht und den Geschäftsführer vor allen Gästen des ernährungsphysiologischen Hochverrats bezichtigt. Daß sich dahinter echtes Kollegenlob verbirgt, wird niemand außer den Beteiligten merken. Nahezu jeder ertappte Chef de la Cuisine wird inmitten seines Gerichtsaals, um das Gesicht zu wahren, mit einem dahingedonnerten „Aus den Augen! Ich will Ihr Geld nicht!" den Rücken drehen. Wenn alles nichts hilft, und der Meister sich unter gerechten Vorwänden windet wie ein Aal, dann bleibt dem beinharten Stümper noch die letzte und martialischste aller Drohungen: Daß er unmittelbar jetzt selbst unter Hinzuziehung einiger Gäste im Handumdrehen am Herde hinter der Schwingtür etwas Besseres und Eigenwilligeres komponieren werde als dieses Bündel von magenbitteren Kretins. Daß solche Manöver von zwei Sternen aufwärts grandiose Unverfrorenheit voraussetzen, dafür sollte die Lektüre dieses Buches denn gesorgt haben. Oder nicht? Beim furiosen Abgang hilft ein Zitat aus dem Schlußchor von Beethovens Neunter: „Ahnest Du den Schöpfer, Koch?/Such ihn über'm Sternenzelt!/Über Sternen muß er wohnen." Die Melodie singt der Stümper dann dem Taxikutscher auf der Heimfahrt zur Stammbeize um die Ohren. Das war ein Tag!

Im Kreatiefschlaf des Stümpers passieren dann die Gänge Revue, daß es ein Freuen ist, und am Horizont der Träume leuchtet ein glucksendes, sprudelndes Morgendessert. Aspirin liegt in der Kommode, dritte Schublade von oben.

BITTE MEINE HERREN!

ERST DIE DAMEN BEDIENEN!

UND WO BLEIBT DIE EMANZIPATION?
SCHÜTT!
MARSUPILAMI?
BRÖSEL

Mundraub als Quickie

Natürlich gibt es gute Gründe, über die Schickimickis die Nase zu rümpfen. Der Stümper hält nichts von sinnlosem Geprotze. Für ihn hat das Geprotze nämlich Sinn: Auf Kosten anderer luxuriös zu tafeln, ist eine seiner Lieblingsbeschäftigungen und im Grunde ein Delikt, das man von einem Kavalier erwartet. Wer als vollmundiger Hasardeur über Parties der allerfeinsten Provenienz stolpert, seine Nase in jede halbwegs spektakuläre Vernissage steckt und sich mit akzentuierten Auftritten bei Bällen und gesellschaftlichen Empfängen elegant in Szene setzt, der wird nicht umhinkommen, sein Augenmerk auf die luxuriösere Seite des Buffets zu richten. Während der neureiche Pöbel mit brillantüberzuckerter Schwitzpfote tief in die rustikale Erbsensuppe greift, räumt der Stümper gekonnt ab. Und zwar gnadenlos, routiniert und effektiv. Wenn Meier-Dümpelshagen vom Nachbartisch die Abalonen probieren will, sind keine mehr da: Der Stümper ist der rechte Mann zur richtigen Zeit am einzig lohnenden Ort. Oder die rechte Frau: Es gibt begnadete Stümperinnen (Hallo Gudula! Hallo Judith! Hallo Kathi!), denen gerade die Buffetreduktion zur zweiten Natur geworden ist. Bedauerliche Voraussetzung jeden kulinaren Freibeutertums ist Büffeln (nicht verwechseln mit Mozarella). Wenn die Coquilles Saint Jacques sprechen könnten, würden sie Zeter und Mordio schreien. Statt dessen sitzen sie schweigend auf kleinen Betten aus Kartoffelpüree und warten darauf, entdeckt zu werden. Die folgenden Kurzlektionen also sind der bittere Preis, der zum Kavalierstart mit Edelgütern notwendig ist.

Kaviar

reizt den Appetit und belastet die Verdauung nicht. Außerdem, und das ist die Hauptsache, mundet er schon nach kurzer Eingewöhnungszeit jedem ambitionierten Stümper. Die wichtigsten Kaviarsorten sind Beluga, Osetr, Schippowa und Sevruga. Beluga hat das größte, Sevruga das kleinste Korn.

„Malossol" ist keine Haltestelle der Transsibirischen Eisenbahn, sondern bedeutet lediglich „wenig Salz". Kaviar schmeckt umso besser, je milder und reiner er ist. Ganz ohne Salz kann er jedoch nicht auskommen.

Frischer Kaviar, und frisch schmeckt er am besten, ist im Kühlschrank eine gute Woche haltbar; um den Gefrierpunkt noch etwas länger. Kaviar nie tiefer als 4 Grad abkühlen: Da platzen selbst dem zähesten Stör die Eier! Pasteurisierter Kaviar (Blechdeckelgläser von 28 bis 112 Gramm) hält sich ein halbes Kavijahr. Rogen vom Stöhr hat alle möglichen

Farben. Goldener oder silbriger Kaviar wird teuer bezahlt, ohne deshalb besser zu schmecken. Generell gilt: Frischer Kaviar sollte es sein, feinkörnig und perlig ohne zusammenklebende Körner und tranigen Geruch. Preß-Kaviar hat einen höheren Salzgehalt als der Malossol, ist fischiger, streichfähiger, billiger. Ihn baggert der Stümper nicht unbedingt „nature“ weg, sondern pappt ihn auf eine dicke Graubrotscheibe mit ordentlich Butter, die mit Zitronensaft beträufelt besser schmeckt als irgendein blödes Fischbrötchen.
Keta-Kaviar stammt nicht vom Stör, sondern vom Lachs und ist rot. Auch hier spricht der Stümper am liebsten dem Malossol zu.
Nicht nur Exilzaren und Ex-Stasis kippen dazu tüchtig Wodka. Der wilde sibirische Brand ist kaum zu haben; dafür bietet sich die Marke Gorbatschow aus der Fernsehturmflasche trotz des niedrigen Preises und der volkstümlichen Vermarktung an, weil er mit genügend „Umdrehungen“ (%) gefrierfachkalt wie Öl „läuft“ und nach übereinstimmender Auskunft von ersten Experten dem legendären „Urwodka“ sehr nahe kommt.

Austern

Von September bis April schlürft der Stümper Austern. Frischer kann kein Essen sein, denn Austern werden nun mal lebend gegessen und beklagen das sehr. Vegetarier und Fischfeinde schütteln sich bei dem Gedanken an eine kulinarische Neuauflage der Schlacht von Austerlitz; der Stümper dagegen ist Eßistentialist und schlabbert das teure Tierchen, momentan Sieger im Überlebenskampf, als kleine Hommage an den großen Stümper, der ihn seinerseits dereinst schlürfen wird.
Wer Austern partout nicht lebendig verschlingen, aber ihren Zauber gleichwohl kennenlernen möchte, stellt sich für ein Viertelstündchen an ein beliebiges Hafenbecken am Mittelmeer. Tief einatmen, Luft anhalten, andächtig im Gaumen forschen. Richtig, die Luft schmeckt penetrant nach Auster.
Austern kommen von überall her. Am besten sind die europäischen wie die flachen Belons oder biskayagespülten Marennes oder Limfjords, die von Essex, Kent, Sussex oder die Clochesters. Irland und Schottland geizen ebenfalls nicht mit Austern guter Qualität. Der unaufdringliche Geschmack der Tierchen kann so anhaltend frisch und schön sein, daß er bei Menues nach mehreren Folgegängen immer wieder leis anklingt.
Der Stümper am Buffet nimmt die geöffnete Auster samt Meerwasser in die Hand, löst gegebenenfalls das Tier mit der Gabel von der Schale und schlürft das Meerwasser hin-

terher. Ein paar Tropfen Zitronensaft und eine halbe Umdrehung aus der Pfeffermühle lassen die Muschel ein letztes Mal husten – dem zarten Geschmack geben sie dafür angenehme Kontur. Der wahre Purist läßt die Zitrone sein.
Frische, geschlossene Austern werden mit einem spatelförmigen, zweischneidigen Austernmesser und einem Bauarbeiterhandschuh geöffnet, der ja ohnehin zum täglichen Rüstzeug in die Küche gehört. Die linke Hand trägt den Handschuh und hält die Auster mit der flachen Seite nach oben und dem „Scharnier" zur Rechten. Mit dem Messer wird dieses Scharnier durchtrennt. Nach Öffnen des Deckels trennt man die Auster von der Schale. Kostbares Meerwasser nicht verschütten!

Frösche

kommen dem Stümper in den Frühlingsmonaten immer mal wieder unter die Räder, in die Pfanne schon seit geraumer Zeit nicht mehr. Basta. Irgendwo muß Schluß sein. Die meisten der hier angebotenen Frösche werden aus Südostasien importiert, wo sie normalerweise den einheimischen Landleuten bei der Ungeziefervernichtung zur Hand gehen; fehlen sie in der Heimat, wird an ihrer Stelle brutal DDT eingesetzt. Kein verantwortungsvoller Stümper macht dieses elende Spiel mit.

Hummer

Gerade die luxuriöseren Speisen sind in ihrer Zubereitung oft martialisch, und das gilt besonders für den Hummer. Der Stümper akzeptiert widerwillig nur eine Zubereitungsart: Das lebende Tier wird mit dem Kopf voran in sprudelnd kochendes Wasser getaucht und ist nach zwei, drei Sekunden tot. Lebendig teilen, braten, festbinden, fesseln, Scheren abschneiden werden in älteren Standardwerken der Haute Cuisine ausgiebig exerziert: Am Geschmack des Tieres ändern diese ausgefeilteren Hinrichtungsarten nicht das Geringste. Das Hummeressen im Restaurant ist keine vom raffinierten Maître dem Laien gestellte Falle, sondern schlichtweg kein Problem. Die Hauptaufgabe besteht darin, möglichst viel Fleisch aus dem Panzer zu bekommen, egal wie und vornehmlich mit den Fingern. Obendrein sind Schale, Scheren und Beine schon in der Küche angeknackt und lassen sich leicht von Hand aufbrechen oder mit der langen Hummergabel aushöhlen. Knigge war viel zu knickerig zum Hummerknabbern; deshalb gibt es keine dezidierten

Benimmregeln über den Umgang von Krebs zu Knabberer und zurück. Unter Kasserollenmatadoren gilt seit eh und je: Hummer ißt der beste Koch!
„Hummer at home" wird mit dem dicksten Messer vom Bauch zum Schwanz und vom Bauch zum Kopf halbiert, bevor die Scheren und Beine kurz angebrochen werden. Magen hinterm Kopf, Gallensack und Darm am Schwanz werden vorsichtig entfernt, alles andere, besonders die rote Hummerbutter und der Rogen(!) bleiben drin und werden mitgegessen. Zu dem festen, schmackhaften Fleisch paßt am besten ein Fläschlein in Barrique (d. h. in Eichenholzfässern) ausgebauten, italienischen Weißweins oder ein würziger weißer Burgunder mit viel Säure und Blumenbukett.

Krustentiere wie du und ich

Unter Wasser herrscht ein irres Treiben. Eigentlich sieht man nur dem Kofferfisch seinen Namen auf Anhieb an. Leider ist das Biest gänzlich ungenießbar. Bei den Krustentieren kommt mancher Stümper schuldlos ins Stottern. Schuldlos, weil die verwirrende Vielfalt in etlichen Sprachen verschieden heißt und der Weltfischmarkt am liebsten noch Salzgebäck in Fischliform als Hummerli verkaufen möchte.
In der Familie der Langschwänze gibt es:
- den echten Hummer, groß und mit Scheren.
- die Languste, genauso groß oder größer, aber unbewaffnet.
- die Krebse, die kleiner als Hummer sind, aber auch Scheren haben. Zu ihnen gehört der „Tiefsee-" oder „Kaisergranat", die „Nordseelanguste", die „Langostina", „Langoustine", „Prawns" oder die Pizzerialklassiker „Scampi".
- die Garnelen, oft fälschlich Krabben genannt, alias „Shrimps", „Gambero", „Crevetten".

Zu den echten Krabben gehören der Taschenkrebs, die Seespinne und die riesige wie köstliche „King Crab".
Der Stümper geht mit Krebsen und Krabben um wie mit dem Hummer auch. Er ißt sie warm, verabscheut mayonnöse Krebssalate und gibt einer frischen Languste den Vorzug. Mit dem größten Vergnügen!

Lachs

ist Lachs – und nicht etwa Seezunge, Seelachs in pink bis feuerwehrfarben oder gar Lachsforelle. Echter Lachs kommt als Räucherlachs daher oder als Graved Lachs oder Lossossina roh in Lake, und der Stümper kann mit Meerrettichsahne und einem Spritzer Zitrone glatt sein eigenes Körpergewicht davon weglachsen. Lachszeit ist übrigens Mai bis August. Dieser edle Fisch, dessen Fang einst das Vorrecht der Könige war, ist in letzter Zeit arg ins Gerede gekommen. Wildlachs oder Zuchtlachs, das ist nämlich die Frage. Norwegische und schottische Lachsbauern halten die Tiere gewissermaßen wie Schweine auf engstem Raum in submarinen Fjordkoben. Fettes, matschiges, schmackärmliches, dafür billiges Fleisch ist das zweifelhafte Zuchtergebnis, das mit freundlicher Unterstützung von Kraftfutter, Medikamenten und Karotin erzeugt wird. Echte Wildlachse wird es nicht mehr lange geben, viele, die dafür gehalten werden, sind in Wirklichkeit meist ausgerissene Zuchtlachse.
Der Laie wendet sich mit Grausen.
Der beste Räucherlachs „Zar Nikolaji" kommt aus den Alpen, vom „Landwirtschaftlichen Betrieb im Moos". Er wird nach einem alten russischen Rezept geräuchert und ist in gut sortierten Feinkostgeschäften zu haben.

Trüffel

Bei den Trüffeln kommt der Stümper ins Schwärmen und rollt mystisch mit den Augen. Wer einmal dabei war, wenn in der piemontesischen Region Alba im Herbst die Trüffelhunde (keine Sauen!), wahnsinnig vor Gier und Geilheit, ihre sabbernde Schnauze durch das halbverrottete Eichenlaub schieben, die kleine Anhöhe hinauf, zu einer kahlen Stelle zwischen den Bäumen, und dann mit solcher Gewalt zu wühlen beginnen, daß selbst Ben Hur persönlich sie erst zurückgerissen bekäme, wenn schon die Hälfte des kostbaren Nests von den bulligen Kiefern zerdrückt worden ist, dem sind Trüffeln – unabhängig von ihren Wahnsinnspreisen – eine äußerst kostbare Delikatesse. Nicht, daß die Wirkung des Pheremons 5-Androst-16-en-3-01 beim Menschen ähnlich sexuell stimulierend wirkte wie beim Tiergesellen... aber am vornehmen Geschmack ist schon weit mehr dran als nur der Duft von schierem Luxus.
Generell sind Schwarze und Weiße Trüffeln die Edelsten; frisch bekommt man sie mit viel Glück und nur in den Wintermonaten. Während der Schwarze Trüffel diskret über

die Speisekartenpreise genobelt wird und geschmacklich eher zurückhaltend duftet, ist in den Kirchen des Piemont der Zutritt mit Einkaufstüte nicht gestattet: Der Weiße Trüffel hat ein zu herrliches Parfüm mit Anklängen an Knoblauch und Stadtgas, der jedes After Shave zum Destillierwässerchen degradiert. Obendrein ist er nicht konservierbar und kostet einen stolzen Preis: Wer das Kilo unter 2000,- DM bekommt, schätzt sich glücklich. Sommer-, Périgord- und Afrikanische Trüffel sind braun, grau oder grob geädert und weit weniger aromatisch. Konservierte Trüffel sind ganzjährig zu bekommen, der Stümper als Trüffelschwein erster Ordnung bevorzugt allerdings nur frische Ware.

Gänseleber

Der einzige Trost der armen Gänse mag sein, daß es den meisten Essern geht wie ihnen: gemästet und gestopft, bis die Leber aufgedunsen und abnorm vergrößert dem Herzen jeden Platz nimmt. In Deutschland ist das Gänsestopfen längst verboten; der Trend geht zur Ostblockleber. Der Stümper bevorzugt „Foie gras au naturel truffé", reine Gänsestopfleber, roh in der Dose sterilisiert und getrüffelt. An milden Abenden allerdings, wenn die Luft lau ist und das Gemüt friedlich, dann darf es auch „Foie d'oie" sein, die aus reiner Leber nicht gestopfter Gänse gemacht wird und fast genauso schmeckt.

Exotica

Junge Mäuse aus Siam, panierte Bienen in Honigkruste aus Japan, Eintagsküken und Giraffenhälse, Walfischfleisch oder die gerösteten Schlangen Bangkoks, Ameisen in Schokolade aus Peru oder Palolowürmer: Der Stümper ißt viel und vieles gern – aber längst nicht alles. Was weniger dem tatsächlichen Genuß dient als der kulinarischen Sensation oder dem Geltungskonsum, sollten nicht die Genießer essen, sondern meinetwegen die Sensationsreporter oder vernaschten Nabobs. Auch und gerade bei den Luxusschleckereien gilt: Lieber die Standards gekonnt variiert und kompetent kombiniert, als dem Hang zum neureichen Allesfresser einmal mehr nachzugeben.
Der Stümper jedenfalls überläßt am Buffet die gedünsteten Känguruhgenitalien dem postgenialen Genforscher nebst Gattin und langt dafür lieber einmal mehr beim frischen Lachs zu.

Im Nahkampf

Wenn dann letztlich der Herr Vizepräsident seine ausgeklügelte (und wortgetreu auch in den Vorjahren schon gehaltene) Rede dem heißersehnten Ende nahe gebracht hat und bei dem erschöpften Griff nach der Rotweinkaraffe die vorderen Reihen näßt, wenn der Herr Gastgeber, schwankend schon und seltsam berührt von der Feierlichkeit der Stunde, einen letzten Toast honigsüß schmiert auf die Zukunft der Gegenwart, die mit beiden Beinen in der Vergangenheit des Übermorgens liegt, dann dürfte es hohe Zeit sein, dem langen, langen Tisch näherzurücken, weswegen wir heute einmal mehr zusammengekommen sein dürften.

Alle anderen werden sich zunächst einen Teller und Besteck greifen, der Stümper ist als erster am Hummer und trägt die beiden Scherenstutzen mit dem köstlichsten Fleisch gleich hinüber zum Geschirr, ehe der erste Konkurrent dem peinlich berührten Tier auch nur nahegekommen ist.

Alle anderen warten höflich hintereinander, bis die kleine Zange, mit der man die kaviarbestreuten „Russischen Eier" greift (Hallo Alexeij, alte Schwuchtel), an sie weitergereicht wird, der Stümper schiebt die leckeren Dinger gleich im Duzend mit dem Löffel auf's Tellerchen.

Alle anderen probieren von allem etwas und nehmen daher vom Wesentlichen zu wenig. Der Stümper hat längst jede Hoffnung aufgegeben, daß Nudelsalat oder Cocktailwürstchen jemals die schwer bewachte Grenze zum Genießbaren überqueren könnten. Er verplempert seine Zeit nicht mit dem Schneiden von Baguettebroten oder pubertärem Gouda.

Gewöhnlich gut genährte Kreise lassen aus purer Rücksichtnahme (Die Verdienste! Die Verdienste!) dem alten Flottillenadmiral den Vortritt. Der Stümper allein weiß, was dem Manne imponiert: Ein scharfes Überholmanöver mit gerefftem Segel, eine akkurate Halse kurz vor Bug und dann mit klirrenden Enterhaken die Wachtelbrüstchen vom Tablett gehebelt, ehe der Tattergreis auch nur Land in Sicht gemeldet hat.

Schmeckt's?

Der Kollege Julius Bartok Grützke, Oberkellner im Fränkischen „Bamberger Bäuchlein" in Gößweinstein, einem weißgott nur mittelmäßig beleumundeten Eßlokal, hat in nunmehr einundsechzig wackeren Dienstjahren zusammengetragen, was die Kundschaft auf seine stete Frage „Schmeckt's?" zu antworten beliebte.

Wir übersetzen ins Hochdeutsche und präsentieren die folgende Auswahl:

„Schmeckt's?"

„Fragen's meinen Hund, der streckt alle Viere von sich!" (Oft gehörte Variation: „Der liegt unter'm Tisch und würgt!")

„Schmeckt's?"

„Der Hunger treibt's rein, der Horror treibt's raus!"

„Schmeckt's?"

„Nicht hier."

„Schmeckt's?"

„Mir tut nur das Schwein so leid, das wenn's g'wußt hätt'!"

„Schmeckt's?"

„Nächst's Mal nehm' ich den Strick!"

„Schmeckt's?"

„Bitte Salz und eine Säge!"

„Schmeckt's?"

„Ob's schmeckt? Mann, will Er sich duellieren?"

„Schmeckt's?"

„Ich würd' mir den Rest einpacken lassen, wenn ich ein Schuster wär'."

„Schmeckt's?"

„Not Cuisine!"

„Schmeckt's?"

„Der Kinderteller hätte als letale Dosis gereicht."

„Schmeckt's?"

„ Irgendwo zwischen Hautegout und Damenschuh!"

„Schmeckt's?"

„So habe ich mir Cordon bleu à la Tut-Ench-Amun immer vorgestellt. Wo bekommen Sie eigentlich diese famos abgehangenen Mumien her?"

„Schmeckt's?"

„Für Sado-Masos ein Muß!"

Die Konspiration der Stümper
oder „Hinter Ihnen gart einer"

Es ist schlimm genug, wie oft der Stümper als regelmäßiger Restaurantbesucher zu einem unwilligen Kopfschütteln gezwungen wird. Das Seltsamste daran aber ist, daß es immer die gleichen kulinarischen Patzer, immer die gleichen gastronomischen Mißtöne sind, die den neuzeitlichen Gourmet gequält aufschreien und die Blässe in die Mampfbacken treiben lassen.

Wer zum zwölften Mal an wechselnden Orten die Bruchlandung einer Barbarei-Entenbrust in Orangensauce beobachtet hat, verliert den Glauben an den Zufall. Tatsächlich riecht es zwischen Flensburg und Tirol immer auf die gleiche Art angebrannt.

Was Sie gestern als „Oeuf flamable au vache grenouille patriae-reunie" gegessen haben, war ein Kubus Corned beef in Pepsi Cola erwärmt. Nichts gemerkt? Ein echtes Oeuf blamable braucht acht Stunden Zubereitungszeit und schmeckt genauso. Überall in der Welt tauschen grinsende Küchenchefs Rezepte raffinierter Fälschungen aus. Es sind die gefürchteten **Dezepte.** Das einzig Echte am Oeuf war der Preis...

Kann man es da verübeln, wenn selbst ausgefuchste Branchenkenner, wie der Gastrodetektiv Konstantin Gohlke, mittlerweile felsenfest an eine Verschwörung glauben? Man mag dem guten Gohlke vorhalten, seine jahrzehntelange Arbeit in diversen Detekteien ließe ihn in jedem Bierkeller eine Schnapsleiche riechen, allzu leichtfertig sollte man seinen folgenden Bericht nicht abtun:

„Ehrlich gesagt bin ich kein Mensch für Terminkalender. Meist verlege ich die Dinger irgendwo zwischen alten Zeitungen und Wäschereipaketen, und wenn ich dann zufällig darauf stoße, falle ich aus allen Wolken.

So war's auch an diesem Morgen. Ich hatte verdutzt festgestellt, daß mir bis zum Redaktionsschluß des „Geheimen Hamburg-Verführers" für den norddeutschen Raum keine drei Tage Zeit mehr blieben, dabei stand noch ein gutes Dutzend mehr oder vermutlich weniger empfehlenswerter Restaurants auf meiner gefürchteten Blauen Liste. Nach einer Hungerkur sah das nicht gerade aus, deshalb verzichtete ich auf's Frühstück und machte mich auf den Weg.

Es war, wie es immer ist: viel gutgemeintes Draufloskochen, kaum echte Könner und einige ausgemachte Bösewichte der angekokelten Art. Gegen Abend hätte kein Amuse gueule mehr in mich reingepaßt, deshalb rollte ich meinen ausgestopften Leib in die erstbeste Bar, bestellte einen Dreifachen und verglich die Notizen und Eintragungen, die

ich in den letzten Stunden gemacht hatte, mit den unbemerkt eingesteckten Speisekarten. Und dabei fiel es mir auf.
Irgendwo nahe Plön hatte ich „Gekochten Lachs an Passe-Pierre und Wildreismütze" geschluckt, mit einigem Wohlwollen sogar, obwohl der Lachs trotz regnerischer Witterung und weinseligen Wirts schlichtweg zu trocken gewesen war. Eine gute Autostunde entfernt, in einem Landgasthaus mitten im Wald, hatte ich einer Zumutung von Rinderconsommé zugesprochen – aber von mir unbemerkt glänzte die Tageskarte auch hier mit Lachs und der wurstigen Modealge an „Wildreismütze". Was mir in Plön als Ausdruck noch ungewöhnlich vorgekommen war, erregte hier meine äußerste Aufmerksamkeit. Dieselbe Wortwahl, dieselbe Zutatenkombination – sonderbar. In Hamburg dann, in einem sonst eher auf Wildspezialitäten abonnierten Haus, fand ich eine weitere Wildreismütze an Passe-Pierre – dieses Mal allerdings begleitet von einem pochierten „Tiefsee-Siebeck an Wolfrahm".
Die Sache stank, und zwar gewaltig. Chefköche sind keine tolpatschigen Junggesellen, die sich ihre Speisenfolge von der Rückseite eines Tageskalenderblattes diktieren lassen. Im Gegenteil: Keiner guckt vom anderen ab, ohne nicht wenigstens dem Plagiat einen noch bombastischeren Namen verliehen zu haben und sich in einschlägigen Gazetten als Großkreator der größten Sensation seit Erfindung des selbstverliebten Spiegeleis feiern zu lassen.
In dieser Nacht hatte ich ein anregendes Telefonat mit meinem Kunden. Ich steckte ihm, daß er drei weitere Tage Zeit und einen Blankoscheck als Vorschuß rüberreichen müßte. Der gute Mann war einer Hirnembolie nahe, und ich war froh, daß es diese verdammten Bildtelefone noch nicht gab. Er beschwor mich bei Gutenberg, den Erscheinungstermin des Buches nicht zu torpedieren, er könne doch nicht die Frankfurter Buchmesse verschieben undsoweiter. Erst als ich ihm mit der Aussicht auf eine termingerecht präsentierte Enthüllungsstory über eine ominöse Kulinarverschwörung den Mund wässrig machte, willigte er ein. Obendrein leierte ich ihm noch den Verzicht auf Abrechnung meines hoffnungslos überzogenen Spesenkontos aus dem Kreuz. Dann putzte ich die Läufe meines Werkzeugs, zog meinen Zweireiher aus, den Straßenanzug an und kippte einen auf die unverhoffte Rückkehr ins alte Geschäft.
Die Rolleaus des „Goldenen Füllhorns" waren noch heruntergelassen, als ich um die Kurve der schmalen Anliegerstraße bog und mit ausgeschaltetem Licht am Waldrand stehen blieb. Nach drei Zigaretten öffnete sich leise surrend das Garagentor und der graue Japan-Van des Inhabers schnurrte heraus. Ich setzte zurück in einen Wirtschaftsweg, ließ den Mann vorbei und folgte im Frühnebel, so gut ich konnte.

Im dünnen Verkehr des sehr frühen Morgens kamen wir gut voran, und spätestens nach dem Abzweig Fallingbostel war mir klar, daß die Fahrt zum Fruchthof ging. Ich steckte dem Früchtchen am Eingang etwas knisterndes Grünzeug in die Hand und schob mich in gemessenem Abstand in die Kühlhalle, in der es von Restauranteinkäufern und Köchen nur so wimmelte. Mein Kandidat schlenderte ziellos herum und kaufte dann blitzartig einen ganzen Einkaufswagen voll Gemüse der allerfeinsten Provenienz.

Obwohl ich die ganze Zeit dicht hinter ihm blieb, fiel mir nichts auf. Kein Kontakt mit anderen, keine zugesteckten Botschaften, nicht einmal auffälliges Wühlen in Notizen. Nach zwanzig Minuten waren wir wieder auf der Straße. Als auf der Weiterfahrt eine Baustellenampel im menschenleeren Ödland viertelstundenlang nicht auf Grün wechselte, entschloß ich mich aus einer Inspiration heraus zu meiner Lieblingsmethode Nummer zwei. Ehe der gute Mann auch nur seine Versicherungsnummer nachschlagen konnte, saß ich mit einem mokanten Lächeln auf dem geplastiktigerten Beifahrersitz und tastete mit dem Lauf der 9mm-Wumme nach seinen Weisheitszähnen. Er hatte keine. „Nnnnach Kuba?" stotterte er aufgeregt. Dieser Depp hatte seit zwanzig Jahren nicht mehr ferngesehen. Ich stellte ihn gutgelaunt vor die Alternative, entweder aus- oder einzupacken. Offenbar hing der Bursche an seinem Beruf. Er stöberte auf dem Rücksitz eine fettige Kochmütze für mich auf – und eine gute halbe Autostunde später war ich ungeladener Gast des Frühstückskartells.

Was da seine Leibesfülle um den runden Tisch des Hinterzimmers eines Hamburger Caféhauses drückte, war eine repräsentative Auswahl aus den besseren Häusern der nördlichen Sättigungshälfte der Republik. Alle plapperten angeregt durcheinander, nur mein Freund schwieg schwitzend. Vielleicht drückte ihn der Pistolenlauf? Ich muß mir unbedingt einen Schaumgummi-Überzieher besorgen, der häßliche Druckstellen vermeidet.

Die Herren mit den verzwickten Gesichtern begabter Ganoven leierten hämisch grinsend ein Tischgebet, das ich teilnahmslos mitmurmelte:

„Ich bin fein, mein Teller ist klein, soll niemand von kosten als Siebeck allein." Dann schleckten sie eifrig ihre Sahne vom falschen Capuccino und kamen dann beredt zur Sache. Was ich hörte, trieb nun allerdings mir den Schweiß unter die Achselpolster und die Scham der verletzten Berufsehre ins Gesicht.

Es war eine verkappte kleine Olympiade der Kochmützen, ein vergnügtes Schaukochen der kulinaren Obertrickser, was die Herren Chefs de Cuisine – gut und gerne zwanzig Sterne waren hier versammelt – da spielten. Und es war in der Tat eine Verschwörung, die ich aufdeckte, obwohl mir vom ersten Satz an klar war, daß mir wieder kein Schwein

glauben würde. Jedenfalls fielen mir die Ohren ab, als der Präsident seine aufgedunsene Gestalt aus dem ausgeleierten Thonetstuhl wuchtete und mit einem geradezu obszönen Lispeln seinen Rechenschaftsbericht aufs Tablett brachte.
Der ganze Verein verfolgte mit seinem wöchentlich wechselnden Wettkampfmenue nur ein einziges Ziel: das apostrophierte Mahl nämlich eben nicht zuzubereiten. Alle Mittel waren recht, nur nicht die naheliegenden. So hatte ich in Plön einen jungen, umgefärbten Bachsaibling gegessen. Der Wildreis war mühsam aus zerkochter und nachgeformter afghanischer Hirse hergestellt worden, und bei der vermeintlichen Passe-Pierre hatte es sich um nichts anderes gehandelt als kräftig gesalzenen Schachtelhalm. Im Landgasthaus (und ich war im nachhinein froh, daß ich mich mit der unsäglichen Rinderconsommé zufriedengegeben hatte) war es Sojafleisch, das drei lange Tage in einer Tunke aus Sardellenpaste und Tomatenketchup gelegen hatte und nun den Lachs spielen mußte. Und auch der in Hamburg servierte „Siebeck" war keineswegs in echtem karpatischen Wolfrahm mariniert, sondern nichts anderes, als ein zwölf Stunden in H-Milch gesottener Bückling! So hatte ein rundes Dutzend Restaurants das gleiche Menue auf zwölf unterschiedliche Weisen erstellt und teilweise an Geschmack noch verfeinert. In keinem Fall hatte die Kundschaft etwas bemerkt, und es tröstete mich zu erfahren, daß zeitgleich mit mir auch Oskar Lafontaine die Passe-Pierre gelutscht und gelobt hatte – in seinem Fall ausgehöhlte und mit Dosenbrennesseln gefüllte Zwergerbsenschoten. Offenbar hatte die Temperatur gestimmt.
Mein Nebenmann entspannte sich sichtlich, als er merkte, daß ich mit der Erklärung des vermuteten Verbrechens ganz zufrieden war und nicht mehr mit dem Gedanken an Liquidation der ganzen Versammlung spielte. „Nächste Woche gibt's Sauerbraten", raunte er mir verschwörerisch zu, „kommen Sie doch vorbei – einfach täuschend echt!"
Die Siegerehrung sah ich mir nicht mehr an; ich hatte längst dem Komplott der Köche den Rücken gekehrt und mir an der nächstbesten Pommesbude eine große, kroßbraun aufgeplatzte Currywurst gegönnt. Die dralle Figur hinter dem Tresen lächelte so wissend und harrte so offensichtlich meiner Reaktion auf das vermeintliche Wurstprodukt, daß mir mit einer Gänsehaut auf dem Rücken klar wurde, welche Ausmaße der Skandal längst angenommen hatte..."

Wunder, die hinhauen!

Sie sagen, was Sie essen wollen, wir sagen, was so ähnlich schmeckt:
Die Stümper-Gerichte sind, wenn nicht anders angegeben für 1,5 Personen berechnet, damit noch etwas für den Hunger danach da ist. Bei Gästebefall pro Nase den Multiplikator 0,8 ansetzen. Linkshänder, Farbenblinde und andere Genies multiplizieren die Mengenangaben mit dem Taschenrechner. Mit wenigen Ausnahmen sind die Speisen innerhalb kurzer Zeit mit überschaubaren Mitteln und beschränkten Kenntnissen komponierbar. Am Ausgang des 20. Jahrhunderts sind Stümper keine Deppen, Penner oder Simpel, sondern heitere Dilettanten – und zwar im ursprünglichen Sinn des Wortes, also Liebhaber.
Wir haben die Rezepte in Vor-, Haupt- und Abgänge geordnet und laden alle Leser ausdrücklich zum Menue-Puzzle ein. Wie im echten Leben ist man immer wieder erstaunt, was alles zusammenpaßt!
Besonderes Gewicht wurde auf den Unterhaltungswert der Zubereitung gelegt. Damit ist die Stümperküche wieder im Vollbesitz ihrer erquickenden Möglichkeiten. Es war auch an der Zeit, meine Damen und Herren...
Ohhh, ach so – fast vergessen: TL heißt Teelöffel, EL heißt Eßlöffel und KL heißt Karl Lagerfeld. (Schon in der zweiten Auflage jetzt, das Namezapping. Das kostet aber extra, Jens!)

Vorgang

Kontaktlinsensuppe für die gemütlichen Stunden zu zweit

Vermutlich ist Verliebtsein eine Infektion, anders lassen sich die sich häufenden Ausfallerscheinungen und Fehlleistungen während dieses Lebensabschnitts kaum erklären. Man ist halt bis in die Ohren im Geschlecht und für andere Dinge kaum zu gebrauchen. Wie nun, wenn der Stümper die Angebetete zu sich laden und mit einem selbstkomponierten Gericht weichkochen will? Ein solches Essen muß naturgemäß tölpelsicher sein... und obendrein noch durchschlagend wirken!
Linsen sind einfach wie die Liebe. Sie rufen verschämt entfahrende, zärtliche Tönchen vor unser Ohr. Gleich Schalmeien schüchternen Begehrens zerwühlen sie alle Sinne zur Gänze. Linsen, das wußten schon die alten Römer, sind ein Bindemittel besonderer Güte: „Nicht dumm grinsen – sag's mit Linsen!" riet schon Ovid.

1 Dose Linsen (oder getrocknete italienische „Lenticche", Kleinlinsen, die am Abend zuvor eingeweicht werden müssen)
1 dünne Stange Lauch (der ist aromatischer als dicker, „Schluppen" bzw. Frühlingszwiebeln tun auch gute Dienste)
1 Karotte, 1 Handvoll Kartoffelchips
etwas Majoran, Salz, Pfeffer
2 EL BOLS Peppermint
1 kleine Dose Corned beef (vgl. „Warenkunde")
Butter, etwas Weißwein von vorgestern

1. Lauch gründlich waschen und mit großem Messer kleinhacken. Genauso geht's der Möhre. Im Topf Butter erhitzen und Lauch dazugeben. Corned beef speckwürfelklein schneiden und bei mittlerer Hitze kurz mitbraten. Dabei das Anhängen mit dem Kochlöffel bekämpfen.

2. Nach drei Minuten wandern die Linsen in den Topf. Deckel auf den Kopf, kleine Flamme, Eieruhr auf 10 Minuten.

3. Es klingelt! Rotraud?! Nein, die Eieruhr. Die Suppe ist fertig. Ein halbes Glas Wein rein, die Chips in der Hand zerkrachen und unterpflügen, aufpfeffern und 1 Minute gewaltig brodeln lassen. Zum Schluß ein guter Schuß Peppermint (ist noch von der letzten Fete da). Die Kontaktlinsensuppe schmeckt jetzt schön nach Minze.

4. Es schellt wieder. Verdammte Eieruhr! Macht einen ganz kirre! Weghören, das kann der Stümper gut.

5. Es klingelt abermals. Diesmal Telefon. Oh, Rotraud ist dran: „Ich war da. Sturm geklingelt! Aber du sitzt ja auf deinen Ohren! Typisch!"

6. „Tischlein entdeck' dich", rät jetzt der Psychologe.

Beate-Tomate-Suppe

Beate wurde im Kindergarten nur „Tomate" gerufen. Alle Kinder fanden das lustig, sie nicht. Beate wurde mit der Zeit so erbost über das ewige „Tomate! Tomate!", daß sie einen Zorn bekam. Sie sann auf Rache und heckte einen Plan aus. Die Sache passierte am Nachmittag ihres sechsten Geburtstags. Beate hatte alle Mitgefangenen aus dem Kindergarten zu sich eingeladen. Auch Schwester Reingard war gekommen. Die strenge Diakonisse (Beate nannte sie nur „Hornisse") hatte extra ihr Stöckchen mitgebracht. Für alle Fälle, dachte sie, Gründe gibt es ja immer.
Beate stellte einen Hocker vor den Herd, bestieg ihn und kochte ein Tomatensüppchen. Das Rezept hatte sie von der Oma aus Pirmasens. Als die Suppe nach zehn Minuten fertig war, kippte Beate ein schneeweißes Pulver in die Pampe, das Papi immer im Keller ausstreute, und ließ die schwarze Katze von Familie Huchthausen nebenan probieren. Beate war zufrieden mit dem Testergebnis.
Nach dem Essen bekamen alle Kinder schrecklich Bauchweh, das einfach nicht aufhören wollte. Im Gegenteil, das Grimmen wurde immer schlimmer. Schwester Reingard schnappte nach Luft wie ein Fisch auf dem Trockenen. Das Bambusstöckchen glitt ihr aus der Hand und purzelte auf den Boden.
Dabei hatte die Suppe allen vorzüglich geschmeckt, und alle hatten die kleine Köchin sehr dafür gelobt...
Der Stümper läßt aus moralischen Gründen das Rattengift weg, hält sich aber sonst strikt an das bewährte Rezept.

1 Döschen Tomatenmark
1 Dose (400 g) Tomaten
Grieß
Trockenzwiebeln
1 Scheibe Speck
1–3 EL saure Sahne oder Schmand
Salz, Pfeffer, Honig

1. Einen Bierhumpen Wasser (0,4l) im Topf zum Kochen bringen und das Döschen Tomatenmark drin verteilen. Eine schlanke Scheibe mageren Specks zusammen mit einem Eßlöffel Trockenzwiebeln ins rote Wasser plumpsen lassen. Ein knapper Teelöffel Honig darf mitbaden.

2. Eine gehäufte Handvoll Grieß in die Suppe streuen und mit dem Besen kräftig unterzwirbeln. Feuer einen Gang zurückschalten.

3. Eine kleine Dose geschälte Tomaten im Mixer zerschraddeln und in die Suppe leeren.

4. Pfeffern, salzen, oreganieren, thymianisieren und je nach Versorgungslage knapp verkapern. Obacht beim Würzen, nur Prisen helfen dem Genießen (Hatschi! Oder war's Geniesen?).

5. Einen Eßlöffel Schmand in einen ebenso tiefen Teller setzen und mit Suppe ersäufen. Italisten vergessen nicht, zu guter letzt ein wenig Parmesan und/oder bestes Olivenöl unterzurühren. Grandios mit ein paar Prozent Grappa (Nardini, Zeni, Maso Cantanghel)!

Eppusnetamot „Nebukadnezar"

Die fremdartige Bezeichnung des Rezepts sollte uns eigentlich davor warnen, es in Anwendung zu bringen, doch den hausgemachten Stümper reizen die Gefahr und der durchdringende Geruch von Knoblauch und Meerrettich.

1 kg reife Tomaten (oder 2 Dosen geschälte Tomaten)
350 g altbackenes Bauernbrot
4 EL Olivenöl 1/2 l Fleischbrühe
6 Knoblauchzehen (ohne Fuß)
1 TL Meerrettich aus Tube oder Glas
Salz, Pfeffer

1. Tomaten in Viertel achteln, auf mäßigem Feuer weichkochen, dann im Mixer – vielleicht verlängert mit etwas Rotwein – atomisieren.

2. Das altbackene Brot in Scheiben schneiden und im Backofen gut rösten. Dann erhitzt man die Fleischbrühe, die eher fad als kräftig sein soll, fügt die zerschraddelten Tomaten, die Brotscheiben, das Öl, den gehackten Knoblauch, den Meerrettich, Salz und Pfeffer bei und läßt alles auf kleinem Feuer kochen, bis die Flüssigkeit fast verdampft und die Suppe ein dickliches Mus ist. Im Suppenteller begießt man sie mit ein wenig Olivenöl von bester Qualität.
Stümper-Tip: Diese Suppe kann im „Asia-Quick-Verfahren" zu einer Sauer-Scharf-Suppe weiterverarbeitet werden:
1 EL Essig mit 2 EL Wasser, 2 TL Sojasoße und 1 TL Stärke (Maizena!) verrühren und in der Suppe aufwallen lassen. Anschließend Ei verquirlen und über die gerüttelte Gabel in die Flüssigkeit tropfen. Umrühren, fertig. Schmeckt sofort!

Büffeltee

Wer gerne auf der faulen Haut liegt oder büffelt wie ein Ochse, soll auch seinen Tee haben. Was liegt näher, als ihn aus einem echten Büffel zu bereiten? Büffeltee oder Beeftea ist ein klassisches Rezept, das wenig Geschick, dafür aber ein bißchen Geduld erfordert. Nur Mut, es lohnt sich!
Die Zubereitung mit Hilfe eines hitzefesten WECK-Glases im Wasserbad hat den Vorteil, daß der Stümper die Garzeit auf dem geliebten Sofa mit Aschomatik und vollintegriertem Zigaretten und Feuerzeug-Inlay abwarten kann. Hinter Glas brennt so schnell nix an!

Rinderhesse (ca. 600 – 800 g), durch den Wolf gedreht
(der Metzger unseres Vertrauens, in Berlin Meister Jürgen Bachhuber, macht das ohne Wehklagen)
1 dünne Stange Lauch, 1 Zehe Knoblauch, 1 Möhre
Weck-Glas, 1000 ccm samt Gummiring und Spannklammer
oder von „Leifheit Einkoch Spaß" mit Schraubdeckel
Pfeffer, Salz, 1 Glas Weißwein, 1 Windel

1. Lauch, Knoblauch und Möhre im Mixer zerkleinern und ins Weck-Glas schütten. Hackfleisch zuladen und mit dem Kochlöffel alles gut miteinander verkneten. Mit

Weißwein und Wasser bis knapp unter'n Rand füllen. Gummiring anbringen, Deckel drauf und mit der Klammer verschließen.

2. Das Glas mitten in den großen Spaghettitopf stellen. Rundum mit Wasser füllen. 4/5 des Weck-Glases sollen unter Wasser stehn. Aufkochen und zwei Stunden simmern (also nur still köcheln) lassen.

3. Glas vorsichtig mit dem Topflappen aus dem Wasserbad heben und einige Minuten abkühlen lassen. Dann abdeckeln und die Windel über die Öffnung spannen (der Stümper kennt das Prinzip von Omas Marmeladetopf). Teller hinstellen und den Göttersud durch das feine Tuch seihen. Ein halbes Teelöffelchen erster Sojasoße steigert den Geschmack ins Grandiose. Außerdem sieht die Suppe echtem Tee zum Verwechseln ähnlich.

4. Sofort auslöffeln und nachschlagen. Zwischendurch den Bauch streicheln. Behagen füllt den Raum.

Sauerkraut-Creme

Diese Suppe beweist die These: Gegensätze ziehen dir die Mauken aus. An Wintertagen, wenn der Schnee sich von den Abgasen grau färbt und die Heizung ihren Dienst versagt, wird auch dir gräulich zumut. Da kann nur ein ausgesprochen herzverhaftendes Süppchen Abwechslung ins Gemüt bringen. Da kommt dir das saure Kraut gerade recht.

1 kleine Dose Sauerkraut
Gemüsebrühe oder Hühnerbrühe
Trockenpflaumen (Backobst geht auch)
Honig, Curry, 1 Kinderlöffel Kümmel, Salz,
etwas Sahne, Cognac (oder Rum)

1. Einen halben Liter Brühe vom Würfel oder aus dem Glas ansetzen und das Sauerkraut plus Kümmel eine Viertelstunde leise darin köcheln.

2. Trockenpflaumen in heißem Cognac oder Rum einlegen.

3. Sauerkraut mit etwas Weißwein im Mixer pürieren und zurück in den Topf kippen. Dazu kommen die Backpflaumen samt Schnaps und ein schöner Schuß Sahne. Mit einem EL Honig und etwas Curry abschmecken. Zehn Minuten weiterköcheln. Fertig.

Grießgramsuppe

Übertriebene Fröhlichkeit aufgeweckter Menschen (und Stümper gehören in diese Spezies) ist nicht nur für die Ummenschen eine Belästigung, nein, auch der eigene Körper wird davon in ernste Mitleidenschaft gezogen. Anhaltender Frohsinn erfordert Ausdauer, Kondition, Stehvermögen, über das nicht jeder verfügt. Besser ist da schlechte Laune, wenigstens manchmal. Das folgende Gericht verschafft sie und schmeckt dennoch nicht wie Knüppel auf'n Kopf.

2-3 EL Weizengrieß, 1/2 l Wasser
1 Tasse Möhrensaft
1 Päckchen „les Sauces" THOMY Hollandaise
weißer Pfeffer, Salz
100 g gekochter Schinken
1 Kopf Salat der klügsten Sorte

1. Topf mächtig erhitzen und 2 Löffel Grieß hineinrieseln lassen. Schon nach wenigen Minuten ist der schöne Grieß schwarz. Also nochmal von vorne... mit dem gleichen Ergebnis. Langsam steigt der Ärger zu Kopfe. Beim dritten Versuch sollte er von der ganzen Person Besitz ergriffen haben. Durchatmen, etwas Fett in den Topf, kleine Flamme. Last exit to reality! Grieß leis darin anhängen lassen, mit Wasser und Möhrensaft löschen. Zehn Minuten bedeckt köcheln. Zwischendurch umrühren.

2. Gekochten Schinken in feine Streifchen schnippeln und in die Suppe werfen.

3. Topf vom Feuer nehmen und die Hollandaise mit dem Schneebesen unterzwirbeln, entschlossen abwürzen.

4. Kopfsalat von den äußeren Blättern großzügig befreien, waschen und mit dem größten Küchenmesser in zarte Streifen verkleinern. In die Suppe streuen. Das legt Ehre ein!

5. Die schlechte Laune legt sich, die gute ist noch nicht wieder da – mithin ein idealer Schwebezustand.

Grünkernkraftsuppe

Früher wurde dem redseligen kleinen Stümper der Mund mit einem Pflaster zugeklebt. Keine feine Erziehungsmethode, zugegeben, aber Mutti wußte sich nicht anders zu helfen. Der maulfertige Knirps konnte einen ja totquatschen! Selbst beim Essen wollte er den Rand nicht halten. Doch eines Mittags versank er in mampfendes Schweigen. Warum? Nachfolgend der Grund. Grünkern ist übrigens unreif eingebrachter, gedarrter (d. h. gerösteter) Dinkel, ein persönlicher, wenngleich entfernter Verwandter des Weizens und ein wahres Kraftwerk an Aroma und Gehalt. Sein leicht nussiger Geschmack macht die Musik.

3 EL feingemahlener Grünkern
1 Zwiebel oder zwo Schalotten
Butter
0,4 l Gemüsebrühe oder 1 EL Hefeextrakt (Cenovis oder Vitam-R)
1/2 Becher süße Sahne
1 Topflappen
Maggi, Salz, Weißwein oder Zitrone
eventuell ein Glas Möhrensaft (wenn's geht, den tollen von Voelkel/Demeter). Er gibt der Suppe eine süße Richtung.

1. Zwiebel tränensicher hinter dem Rücken schälen, im Mixer zerschmettern.

2. Im kleinen Topf Butter schmelzen, ein Prischen Salz dazu. Zwiebeln rein und höchstens blond werden lassen.

3. Grünkern über die Zwiebeln streuen und etwa für 2 Minuten anhängen lassen. Mit dem Kochlöffel vom Topfboden lösen. Mit einem Humpen Wasser, das der Stümper mit der Gemüsebrühe oder dem Hefeextrakt oder mit Möhrensaft, mhm, Klasse! versetzt hat, löschen, wild umrühren und aufkochen. Dann Deckel auf Topf. Kleinste Flamme. Grünkern köchelt 20 Minuten. Bei Halbzeit einmal gründlich umrühren.

4. Topflappen nehmen und heißen Deckel lüpfen. Ein köstliches Düftlein beschlägt die Stümperbrille. Umrühren, umrühren, umrühren. Sahne zugießen und absalzen. Maggi nicht vergessen! Die Suppe stimmt, wenn sie müsliartig gequollen ist. Perfektionisten verarbeiten die Hälfte des Suds im Mixer und kippen die sämige Masse hinterher wieder zurück in den Topf. Die Suppe wird so feiner und ansehnlicher.

5. Übrigens: Ein Schuß Weißwein (oder in diesem Fall auch ordentlich Zitrone) hilft fast jeder Suppe auf die Sprünge.

Schildkrötensuppe

Wir machen einen Ausflug in den Zoo und bringen uns eine nicht zu klein geratene Wasserschildkröte mit. Vor Ort packen wir sie in einen Kinderwagen auf dem Rücken, (damit sie nicht fortlaufen kann!) und schmuggeln sie diskret am Kassenhäuschen vorbei. Zuhause mästen wir das Tier mit Küchenabfällen. Die Badewanne ist dafür der rechte Ort. Gut genährt soll das Tier sein.
Stellen wir am Verschwinden von Gudrun fest, daß die vermeintliche Schildkröte ein Hai ist, machen wir eben Haifischflossensuppe. Wir ziehen die notwendige und richtige Lehre aus solchem Versehen, indem wir vorm nächsten Besuch des Tierparks den Unterwasser-Band von Dr. Grzimeks Tierleben konsultieren.
Wie man weiter mit der Schildkröte verfährt, hat der berühmte Gastronom Alfred Walterspiel schon vor vierzig Jahren in seinem grandiosen Kochbuch „Meine Kunst in Küche und Restaurant" zum besten gegeben. Die Rezeptur des Meisters ist für die Verarbeitung von ungefähr einem Zentner Kröte berechnet und findet sich im Kapitel „Klare Suppen". Ihre Anwendung wird hiermit ausdrücklich empfohlen.

JUST FOR FUN-KUCHEN!
SEHR BEMERKENS-WERT!
SPAC
SPOC
Brösel

Kurz bevor der Teller zur Neige geht, fällt uns ein, daß man Schildkröten wegen der Erhaltung der Art nicht mehr ißt, und wir verzichten auf die letzten zwei Löffel. Wir werden erst wieder zu dieser Kost greifen, wenn uns die Tiere auf der Bundesautobahn auf der linken Spur rudelweise entgegenkommen. Bei Geisterkröten kennen wir nämlich kein Pardon!

Gefundenes Fressen

Der Stümper ist ein Freund tabusprengender Experimente im Erlebnisraum Küche. Was sich nach getanem Werk in Topf, Pfanne oder, wie in diesem Fall, in der Flasche findet ist ein gefundenes Fressen für kulinarische Freigeister!

300 g weiße Bohnen
1/2 Tasse gutes Olivenöl
Salbeiblätter
4 Knoblauchzehen
Salz und weißer Pfeffer

1. Bohnen über Nacht einweichen. Am nächsten Tag von einer Chiantiflasche, die man aus lauter Sentimentalität immer noch nicht weggeschmissen hat, das umhüllende Stroh entfernen. Die Flasche gründlich ausspülen. Dann füllt man die eingeweichten und abgetropften Bohnen ein, gibt das Öl, zwei Tassen Wasser (3/8 l), 1 Tasse Wein (rot oder besser weiß), Salbeiblätter und Knoblauchzehen dazu. Die Flasche darf nicht mehr als zu 2/3 gefüllt sein und wird mit einem Korken verschlossen, von dem man seitlich! eine Kerbe in ganzer Korkenlänge wegschneidet, damit Dampf entweichen kann.

2. Im Backofen läßt man die Bohnen in der Flasche bei schwacher Hitze (Stufe 2) gar werden, was etwa 3 1/2 Stunden dauert. Am Schluß muß die Flüssigkeit ganz von den Bohnen aufgesogen sein. Man schüttelt sie in eine Schüssel, salzt und bestreut sie mit frisch gemahlenem Pfeffer. Schmecken warm und kalt gleich gut. Sind ein gefundenes Festfressen und schocken Großmuttern gut ab!

Verlorene Eier

Ein Brühwürfel wird mit Wasser erhitzt, dazu drücken wir eine Tube Senf (eine Frage am Rande: Heißt es Senf, Senft oder Sempf?) und verquirlen rasch etwas Mehl. Im Handumdrehen fertig!
Wie bitte? Die Eier? Ach, richtig, die haben wir im Supermarkt vergessen.

Das kalte Grausen

Zubereitungszeit: 30 Minuten, Kühlzeit 30 Minuten

Die Lieblingssuppe des Stümpers ist sommers eine kalte, saure, unfaßbar erfrischende Gurkensuppe – die grüne Wunderwaffe bei Kater, Koma, Hitzekoller. Und was übrig bleibt, wird mit einem Schuß Salatöl verquirlt und äußerlich angewendet zu einem idealen Mittel gegen Sonnenbrand.

40 cm Salatgurke
1 kleine Zwiebel
1 Brühwürfel oder Gemüsebrühe
Mehl, Salz, weißer Pfeffer, Dill, Tabasco
1/4 Buttermilch

für die warme Version: 100 g Wildlachs
(wenn's im Angebot ist. In Momenten des Luxus
Marke „Zar Nikolaij")

1. Die Gurke wird bis aufs Unterhemd ausgezogen und in Scheiben geschnitten.

2. Der Stümper schält hinter seinem Rücken eine Zwiebel (tränensicher!) und wirft sie mit den Gurken, dem in wenig lauwarmem Wasser aufgelösten Brühwürfel, einem Fingernagel Salz, einer Nase Pfeffer und einem halben Schnapsglas Dill (frisch oder trocken: Dill macht, was er will) in einen Topf, zusammen mit einem Bierglas Wasser. Kochen.

Kontaktlinsensuppe

Mousse Salade Erotique

Broccol Harum

Glatteisbein

Halt's-Maul-Taschen

Ente „Lippens"

Deutsche Scholle auf Deutschem Watt

Selleriesteak à la „Oswald Kolle“

Mousse au Nutella

Brösel
AUFRUHR IN DER LASAGNE!
WAS MEINST DU, SOLLEN WIR UNS'NE TÜTENSUPPE MACHEN?
NÖÖÖ, NICH SCHON WIEDER!
DENN MACH DU 'NEN VORSCHLAG!
BROCCOLI IST IM ANGEBOT!
UND SCHÖN MIT KÄSE ÜBERBACKEN, HM, LECKER!
BÖH, SO WAS FADES, DU IN LETZTER ZEIT IMMER MIT DEINEM KÄSE FIMMEL!

SEITDEM UNS DIESES WIDERLICHE OKAPI VOM OTTERVERSAND DIESEN MICROWELLENHERD AUFGESCHWATZT HAT, HAST DU NIX ANDERES IM KOPF ALS DIESE ÜBERBACKENE SCHEISSE!
UND DU GEHST MIR SCHON LANGE AUF'N KEKS MIT DEINER VERPANSCHTEN TÜTEN, TUBEN- UND DOSENWIXE!
WENN DU SO WEITERMACHST MIT DEINEM SYNTHETISCHEN FRESSTRIP WERDEN DEINE HÖRNER WEICH!
FRESS DU DOCH DEINEN KÄSE, DU GOTTVERDAMMTE SCHRATZE!
ICH JEDENFALLS WERD MIR'NE DOSE BOHNEN HOLEN MIT SPECK UND WÜRSTCHEN DAZU!

VERRECK DOCH AN DEINEM WIDERLICHEN SCHWEINEFLEISCH DU EINGEBILDETER HORNOCHSE!
BAH, DU KANNST MICH MAL KREUZWEISE!
SEH ICH GARNICHT EIN WARUM ICH MIR DAS GEFALLEN LASSEN MUSS!
DAUERND DIESE PAMPE FRESSEN!
BLÖDE KUH
OBWOHL HMM...
NA JA..

VÖGELN KANN SIE JA GANZ GUT
ICH HÄTTE VIELLEICHT NICHT SO DUMM REAGIEREN SOLLEN
ICH HÄTTE SAGEN KÖNNEN LIEBLING, KLEINES, WIE WÄR'S WENN WIR HEUT AUSGEHN WIR ZWEI...
LASS UNS ZUSAMMEN ESSEN GEHN, ICH LAD DICH EIN, LOS KOMM ICH BESTELL UNS EIN TAXI
DANACH NE FLASCHE WEIN ZIEHEN AUS'M AUTOMATEN
ANSCHLIESSEND WÄR ICH MIT IHR AN DEN STRAND GEFAHREN
BEI SONNEN UNTERGANG MIT IHR NACKT BADEN!
RADIO LUXEMBURG AUS'M TRAN-SISTOR HÖREN
DABEI IM WARMEN SAND AUF IHR LIEGEN
DIE KUH MAL RICHTIG BEI DEN HÖRNERN PACKEN
SEUFZ NAJA EIN ANDERMAL

HALT WEGELAGERER!
BEI ALLEN HEILIGEN FLIPPERAUTOMATEN! TONY DER TIGER
DAS WARS DENN WOHL!
BLAM

KOMM ZURÜCK,
ES WAR NICH SO
GEMEINT!
NUR SCHEISSE
IN DER GLOTZE
WEISST DU DAS?
KOCHBUCH FÜR STÜMPER BAND 2
Brösel

3. Musik von Gurken für Gurken auflegen – also etwa „New York" von Lou Reed oder „Goin' home" von Migger und seinen Rolling Stones. Nach „There is no time" sind 22 Minuten um, der Herd wird ausgeschaltet.

4. Wenn Reed und die Gurkensuppe nicht mehr blubbern, drückt der Stümper die Sache durchs Sieb oder durch ein ausreichend sauberes Netz-T-Shirt. Zur Not kann der Kram auch im Mixer (immer Stufe 3!) hochgeziegelt werden.

5. Die eiskalte Buttermilch wird mit einer Gabel sanft untergezogen. Wenn das Ganze aussieht wie grüner Marmor, wird alles gut. Schneegestöber bedeutet schlecht gewordene Buttermilch, versauten Tag, tiefe Depression.

6. Nochmal salzen, pfeffern und durchdillen, bis die Sache steht, dann einen kleinen Spritzer Tabasco (Worcestershire-Sauce kann es auch sein) obendrauf.

7. Im Kühlschrank Platz freitrinken, Suppe reinstellen und langsam bis siebentausend zählen.

Die Wildlachsvariante

Wir scheren nach §4 des Rezeptes aus und machen weiter mit einem neuen Paragraphen:

5a. Die gefilterte Grünsuppe wird vorsichtig wieder erhitzt, der Lachs in mundgerechte Bissen geschnetzelt und in die Suppe expediert. Dem sensiblen Lachs tut es gut, wenn der Stümper ihn mit der einen Hand in das erhitzte Grün gleiten läßt, während mit der anderen der Topf vom Feuer gezogen wird. Im emphatischen Schlußchor von „You can't always get what you want" von den Rolling Stones, zu dessen Takten man den Topf zum Tisch trägt, wallt der Lachs zu endgültiger Güte heran.

6a. Dann ist der Hunger dran. Buttermilch bei die Fische, Weißwein aufhebeln.

7a. Andächtig löffeln.

8. Feinde von Buttermilch nehmen Schlagsahne. Feinde von Gurken nehmen Tiefkühl-Spinat. Feinde von Suppen befinden sich im falschen Kapitel.

Gazpacho Speedy Gonzales

Auch die schnellste Maus der Welt muß manchmal ausruhen vom Mäusegalopp. Dann legt sie sich unter einen Sonnenschirm und tut sich an einem ganz speziellen Saft gütlich. Kaum ist der ausgeschlürft, geht's weiter. Immer schneller.

8 bis 10 reife Tomaten
1 Zwiebel
1 Gurke
2–3 EL Essig
2–3 EL Öl
2–3 Gläser Weißwein
Knoblauch, Salz, Pfeffer, Tabasco, glatte Petersilie,
Basilikum, Kerbel, Oliven, Mandelblättchen

1. Die Tomaten mit einer gehackten Zwiebel, 2 EL Essig, 2 EL Öl im Mixer pürieren. 2 Gläser trockenen Weißwein dazugeben, mit gepreßtem Knoblauch, Salz, Pfeffer und Tabasco würzen, 12 Stunden in die Kälte schicken.

2. Vor dem Wegputzen eine gewaschene, ungeschälte Gurke und drei Tomaten würfeln, frische gehackte Kräuter (Petersilie glatt, Basilikum, Kerbel o. ä.) sowie einige feingeschnittene Oliven oder Mandelblättchen aus der Tüte dazugeben. Über Weißbrotwürfelchen in den Teller schaufeln.

Wink am Rande: Das Brot kann vorher in Weißwein eingeweicht und zusammen mit den Zwiebeln und Tomaten brachial zermixt werden. Früher wurden in Spanien die Brotreste über mehrere Tage hinweg eingeweicht und erst, wenn sie zu gären begannen, verwendet. Hat was, wenn der Hauswirt ins Haus steht.

Eierlei

2 Eier
eine gestrichene Handvoll geriebenen Gouda oder Emmentaler
1 EL saure Sahne oder Schmand
Basilikum, frisch oder in Öl eingelegt aus dem Glas
Maggi, Salz, Ketchup

1. Im Mixer werden alle Zutaten durcheinandergewirbelt.

2. In die Pfanne kommt schönes Traubenkernöl (von Franz Keller (Oberbergen/ Schwarzwald), das angeblich gegen ziemlich alles hilft inclusive Erdbeben) und wird vorsichtig erhitzt. Dann die Masse aus dem Mixer dazukippen. Mit der Gabel das allmählich fest werdende Ei von rundum zur Mitte ziehen – es schichtet sich in der Mitte auf und bleibt „saftig". Nach knappen zwei Minuten ist alles vorbei.

3. Etwas Tabasco, vielleicht auch noch (aber nur in diesem Fall) Kraft-Tomatenketchup angießen. Schmeckt am besten auf einer kernigen Vollkornbrot-Basis.

Brotsalat „Laib und Leben"

6 Scheiben gutes Bauernbrot
2 Tomaten, 1 große Zwiebel, 1/2 Gurke
Basilikumblätter
2 EL Essig, 4 EL Olivenöl
Salz und Pfeffer

1. Man schneidet vom Brot die Rinde weg und legt es in kaltes Wasser ein, bis es so weich ist, daß man es mit einer Gabel mühelos zerdrücken kann. Dann hackt man die Zwiebel fein klein, schneidet die Tomaten und die Gurke in fingerhutgroße Stücke und vermischt alles mit dem Brot.

2. Nun macht man aus Essig, Öl, Salz und Pfeffer und den gehackten Basilikumblättern eine Salatsauce an, die man unter das Brotgemisch zieht. Vor dem Essen stellt man das Ganze ungefähr eine Stunde in den Kühlschrank.

3. Man kann sie auch mit einem EL Kapern bereichern. Wer es gerne scharf mag, bestreut den Salat am Schluß mit feingeriebener oder gehackter roter Pfefferschote.

Schwarzwurzelbehandlung

Die Schwarzwurzel ist das Aschenbrösel unter den Freunden des stolzen Spargels. Die frischen, äußerst herzhaften Wurzeln sind nur mit einigem Aufwand zu reinigen, so daß der Stümper zur Dose greift. Im Affenzahn dampft da die famose Suppe!

1 Dose Schwarzwurzeln (400 g)
(z. B. von „Bonduelle", liegend, 36cm)
1 Becher süße Sahne
1 EL Sojasoße
nicht zuwenig weißer Pfeffer
2 Tassen Möhrensaft

1. Alles in den Mixer (ja, auch das Einweichwasser). Möööööh! Wusch! Zack die Bohne – ein gelbliches Mus grinst grüßend durch's Mixglas.

2. Ab damit in den Topf, vielleicht etwas Wasser zum Verdünnen (Weißwein wär nicht schlecht) und erhitzen.

3. Tja, das war's schon. Ganz Vernaschte geben dem Süppchen mit ein paar Spritzern Amaretto die Marzipanrichtung.

Da ham wir den Salat!

Salat ist eigentlich klassische Beilage und *kein* richtiges Essen (obwohl die schlackerschlanken Lighthammel das behaupten). Essen ist handfest oder dickflüssig und nährt. Aber Salat kann mehr, als nur unter Essig, Öl, Mayo, Sahne und Joghurtdressings ächzend die Blattstärke behaupten (um dann doch nur die Nebenrolle zu spielen). Salat kann Suppe sein. Und was für eine!

400 g Kartoffeln, 2-3 Salatköpfe, 1 große Zwiebel
1 EL Butter
1l Fleischbouillon oder Gemüsebrühe
Salz, Pfeffer, Muskat,
Kerbel, frisch oder getrocknet
1 Becher Sauerrahm

1. Kartoffeln schälen, in Würfelchen schneiden, waschen, in wenig Salzwasser etwa 15 Minuten leise schmurgeln lassen.

2. Salat in Streifen schneiden. Zwiebel hacken. Beides in Butter andünsten. Mit Bouillon auffüllen. Kartoffeln zugeben, würzen. Knapp 10 Minuten auf kleinem Feuer ziehen lassen. Kerbel dazu. Abschmecken und aufrühren. Suppe in Teller oder Tassen. Leicht geschlagenen Sauerrahm darauf geben. Ein Gedicht!

Stümper-Tip: Die Fleischbouillon gelingt mit einem fertigen „Kalbsfond" oder „Rinderfond" von Lacroix aus dem Glas (leider teuer!) oder mit „Klarem Bratensaft" von Fleischer GmbH vorzüglich.

Grusinische Fischgrütze oder Kaviar Hausmacher Art

Wer früher der Patentante gerne was Selbstgebasteltes (Rauschgoldengel! Laubgesägtes! Eierbecher aus „Fimo"!) zu Weihnachten schenkte, weil das Sparschwein Schonzeit hatte, der soll auf kulinarischem Gebiet von dieser lieben Sitte nicht lassen sollen. Natürlich bastelt der Stümper keinen Käsekuchen und trägt die frisbeeartige Scheibe stolz zum Gabentisch, nein, er greift zur luxuriösen Krone der Tafelfreuden, sprich direkt in den Kaviartopf! Die nachfolgend gebrachte Brauanleitung war ursprünglich die Antwort eines russischen Erfinders auf das Verschwinden des Störs aus den schlimm verseuchten Gewässern der Wolga und des Kaspischen Meeres. Wir bieten hier die georgische (bzw. grusinische) Stümper-Variante:

1 Salzhering
1 Scheibe Gelatine oder etwas Aga-Aga
Milch, Öl, Salz,
Schwarzer Tee (grusinischer Bruchtee sondert ordentlich Tinte ab!)
2 schwarze Oliven oder italienische Olivenpaste

1. Hering mit der Gabel klitze kleinmachen. Dabei darauf achten, daß die Fetzen gefällig aussehen, also einigermaßen gleich groß sind und die Körnung des echten Kaviars täuschend nachahmen.

2. Die Gelatine in wenig warmem, aber starkem Tee, der zuvor mindestens 10 Minuten hechtsuppenmäßig gezogen hat und wirken muß wie ein langgezogener Schrei, einweichen. 2 EL H-Milch (neutralisiert den aufdringlichen Heringsgeschmack), 1 EL Öl und etwas Salz zugeben und gründlich unter das Heringsklein mengen. Die schwarzen Oliven im Mörser zerstoßen und ebenfalls in der Grütze unterbringen.

3. Kaltstellen. Verschenken. Drei Tage kein Telefon abnehmen.

Hallo Gudrun!

Gudrun ist ein schwerer Fall, denn Gudrun liebt es leicht. Gudrun raucht ultraleicht, trinkt leicht, schläft light und wiegt nicht viel. Gudruns Tischdecke ist leicht entflammbar wie ihr Herz. Mißverständnisse gibt es auch leicht mit Gudrun. Dann wird ausnahmsweise schwer gestritten. Selbstverständlich gibt es in Gudruns Küche nur leichte Kost. Gudrun verabscheut jede Belastung, und man würde Gudrun durchaus ein „leichtes Mädchen" nennen können, wenn das nicht anzüglich klänge. Außerdem ist Gudrun kein Mädchen mehr.

1 Liter Joghurt
2 Zehen Knoblauch
1 Scheibe Weißbrot
1 Gurke
Salz, Pfeffer, 1 halbe Zitrone, 2 EL Olivenöl
Pfefferminze aus dem Teebeutel oder BOLS Peppermint

1. Zwei Knoblauchzehen im Mörser mit etwas Salz zerdrücken, mit einer eingeweichten, nicht ausgedrückten Weißbrotscheibe, 2 EL Olivenöl, Zitronensaft und 1l Joghurt (am besten ist Schafsmilch-Joghurt, der inzwischen auch in unseren Gefilden verstärkt zu haben ist) im Mixer zu einer Creme hochjubeln, kühl stellen.

2. Gurke waschen, evtl. schälen, hobeln, salzen, circa eine Stunde ziehen lassen, dann ausdrücken und in die Creme geben. Eine Handvoll gehackte Pfefferminze oder BOLS Peppermint untermischen, mit weißem Pfeffer abschmecken.

3. Aber Hallo, Gudrun!

Mousse Salade Erotique gegen Stümpers Lustfrust

2 große säuerliche Äpfel, 1/2 Sellerieknolle, 10 Walnüsse
50 g Roquefort, fein gekrümelt, 50 g Kaviar
3 Eiweiß, Saft einer Zitrone, 1 EL Mayonnaise
etwas Champagner oder trockener Sekt

1. Äpfel, Sellerie, Walnüsse im Mixer zerschraddeln, mit Roquefort vermischen, etwas Zitronensaft drauftr äufeln.

2. Eiweiß mit in die Bohrmaschine eingespanntem Stacheldrahtkorb stocksteif schlagen, vorsichtig mit Kaviar und der Mayonnaise vermischen. Über dem Salat anrichten. In Champagner oder Sekt ersäufen.

Aufrechter Gang I

Auch im Leben des Stümpers gibt es Tage, die mit einem brummschädeligen Morgen beginnen und an denen er nur kriechend Bad und Küche erreichen kann. Hier ein astreiner Aufsteller, der gegen Kater jeder Art hilft:

1. Rotweinglas zu 1/3 mit Tomatenketchup füllen, mit Worcestershire-Sauce würzen.

2. Salmonellenarmes Eigelb, ein wenig Estragon, etwas Speiseöl und Paprika daraufgeben. In einem Zug verschlucken.

Aufrechter Gang II

Zu jeder Partyvorbereitung gehört ein weit ausgreifender Gang, der die Fortexistenz des Stümpers in der Vertikalen gewährleistet. So erfüllt sich der Traum all derer, die rein trinktechnisch nicht zu den standfestesten gehören und trotzdem immer mittemang sein möchten. Etwaige Verstimmungen erträgt die Arbeiterklasse.

100 g Schabefleisch, 1 Gemüsezwiebel
3 gewürfelte Scheiben Speck, 1 Büchse Tomatenmark
1 EL Sahne, Paprikapulver, Pfeffer, Salz, Mayonnaise,
ein paar Spritzer Zitronensaft, Tabasco
1 Zehe Knoblauch, 4 Eiswürfel

1. Gut gelaunt und in aufgeregter Erwartung suchen wir uns zuerst eine kleine Pfanne, gießen Öl hinein und erhitzen es bei mittlerem Feuer.

2. Wir schneiden die Zwiebel wie immer hinter dem Rücken in kleine Würfel.

3. Dann ist das Schabefleisch an der Reihe: rein in die Pfanne und so lange vermengen, bis der Arm wehtut. 13 Minuten bruzzeln lassen.

4. Nun wird der Speck dazugemischt und der Knoblauch darübergepreßt. 2 Minuten bei etwas größerer Flamme schmurzeln lassen und sogleich mit 4 Eiswürfeln abschrecken.

5. Das Ganze braucht Farbe; Tomatenmark schafft das im Handumdrehen. Unter Feuer nehmen, bis alles ein schöner siegellackroter Brei ist. Die Gewürze kommen dazu (diesmal nicht sparsam sein!).

6. Mit Brot und einem Klacks Mayonnaise verzehren.

7. Duschen, in die Kleider und dann ab auf die Piste!

„Hängen und Würgen" alias „Der Morgen danach"

3 Eier, 50 g Butter, 2 TL scharfer Senf
6 gekochte Krebsschwänze (aus der Dose)
6 Artischockenböden, halbiert (aus der Dose)
1/2 Tasse gehackte rote Peperoni (Gemüsepaprika) oder Harrissa
(arabische Knoblauch-Pfeffer-Paste, das Hot-Ketchup des Orients)
frischer Schnittlauch, feingeschnitte, glatte Petersilie, feingehackt
1/2 Tasse Rahm, Alter Gouda, Greyerzer oder Emmentaler Käse,
in feine Scheiben geschnitten

1. Eier 8 Minuten kochen lassen, abschrecken, schälen, in Scheiben schneiden. In der Pfanne Krebsschwänze mit Artischockenböden und Peperoni in Butter anbraten. Schnittlauch, Petersilie, Eierscheiben, Rahm und Senf beigeben. Mit Käsescheiben und Butterflocken bedecken und im heißen Ofen 10 Minuten bräunen.

2. Damit ist das erste heikle „Ich schon wieder" umschifft.

Hauptgang

Rückspiegeleier

Rührei macht sentimental, weinerlich und ist oft nichts anderes als die angewärmte Wiedergabe eines verpfuschten Tages. (Bester Beweis: „Omelette Truffaut – Sie kochten und sie schlugen es.") Rückspiegeleier dagegen kommen aus dem toten Winkel der Kulinarik und setzen zum Überholen an: Ein schnelles Gericht eben mal zwischendurch und die Welt ist wieder in Ordnung. Vorsicht: Köchler, die zu Eischneeblindheit neigen, garen mit Sonnenbrille!

2 Eier, 2 Scheiben strenge Salami oder Cervelatwurst
Öl, Sanella, Rama oder Butter
Smarties, Toast, sonst nichts
Tüte CHIO Chips
50 g Emmentaler

1. Pfanne befeuern, Fett darin auslassen und nach einer Minute die Eier hinterherschlagen. Wenn sich leichte Festigkeit am Eigelb feststellen läßt, werden die Rückspiegel anmontiert d. h. die Salamischeiben werden übers Gelb geklappt. Jetzt ziehen die Gewürze der Wurst ins Gelbe. Pfanne zudeckeln und auf kleinster Flamme kurz in Ruhe lassen.

2. Ästheten garnieren mit Smarties. Hardliner überbacken eine kleine Tüte Kartoffelchips mit geriebenem Emmentaler. Dauert fünf Minuten mehr bei vollem Rohr.

Bindfaden

Das Wort Spaghetti kommt vom italienischen „Spaghetto", ist gleich „Bindfaden". Dem Erfinder dieses Fadens gebühren höchste Preise wg. Küchengenialität: der Nobelpreis für Frieden und Behaglichkeit, der Oscar für den besten Hauptgarsteller, ein pfundiger 500-Grammy sowie ultimativ das Bambi mit Steinpilzen und Jägermeister.
Diese Preise gehen nach China, sagen die Leute. Von dort hat ein gewisser Marco Polo

ein paar Tüten voll nach Italien expediert. Als er in Genua damit ankam, wollte keiner von den langstieligen Dingern etwas wissen. Im Gegenteil, viel hätte nicht gefehlt und aufgebrachte Mammas mit blökenden Kindern im Arm hätten ihm noch drunten im Hafen den Garaus gemacht. Wie hölzerne Blitze zuckten bereits ihre Nudelhölzer durch die schwüle Abendluft. Das Glück wollte es, daß gerade ein Seemann namens Hans Kettwig aus Brindisi die Mole entlangschlenderte auf Ausschau nach schönen Mägdelein. Jener kannte den Stein des Anstoßes aus seiner Heimat und konnte die aufgebrachte Frauenschar befrieden. Die Poloschen Bindfäden gäbe es bei ihm zuhause schon viel hundert Jahr, prahlte Hans. Gleich um die wildesten Rezepte bedrängt, wurde der Filou alsbald von einer Schönen in ihre Kemenate abgeschleppt.
Damit erwies er dem Spaghettipropheten einen Bärendienst. Der Weltreisende wollte wenigstens als Neuerer der italienischen Küche in die Geschichte eingehen, wenn man ihm schon nicht seine Bombenstories vom vergoldeten Chinakohl des Kaisers, den menschenfressenden Kochlöffeln und dem Marzipandrachen im Schokomantel glauben mochte. Ja, er war sogar bereit, sich für diese heilige Sache ein bißchen zu opfern. Betrübt schritt der Meister nach Hause und murrte im Familienkreis. Eine tüchtige Ladung Spaghetti soll ihn wieder mit seinem Los versöhnt haben.
Spaghetti sind vollkommen. Man kann sie blitzschnell machen, vermischt sie mit einer Soße oder auch nur mit Käse, Knoblauch, Öl oder Butter und hat plötzlich ein vollständiges Gericht. Über die herben Qualitätsunterschiede dieser Nudelart gibt „Stümpers Warenkunde" gerne Auskunft.

150 g Spaghetti aus der Tüte
1-2 l Wasser
1 Eieruhr

1. Mindestens 1 Liter Wasser wird in einem großen Topf gekocht, bis es sprudelt. 2 TL Salz vermehren das Gesprudel.

2. Für 1 1/2 Personen rechnet der Stümper 100-125 g Spaghetti, d.h. er packt eine 250 g-Packung, nimmt frei Schnauze die Hälfte davon und wirft sie im Stil der klassischen Mikado-Eröffnung ins Wasser. Nach einer halben Minute einmal mit dem Kochlöffel umrühren. Die Eieruhr wird auf 8 Minuten gestellt. Ein Bierkrug voll kühlen Wassers steht genauso bereit wie ein lochreiches Sieb.

3. Wem die Eieruhr schlägt, der hat den Alarm zu Gast. Der Stümper fischt sich mit dem Kochlöffel ein paar Bindfäden, hustet sie kühlend an und macht den Dentaltest. Haben sie zwischen den Zähnen noch ein bißchen feste Konsistenz, dann sind sie fertig. Das kalte Wasser wird dazugekippt, ein letztes Mal noch umgerührt, dann wandern sie ins Sieb. Nachlässig abtropfen lassen, denn sie sollen schön flutschig auf den Teller gleiten.

4. Der Rest ist Soße.

Schatten der Nacht

Der Vortritt gebührt der Tomate. Ihrer Liebesheirat mit den Spaghetti verdankt die Menschheit nicht nur eine Menge einfacher, köstlicher Gerichte, sondern auch die heute gebräuchliche Gabel mit vier Zinken. Sie wurde eigens für König Ferdinand II. von Neapel entwickelt, weil Hoheit mit der damals üblichen dreizinkigen Spitzgabel beim Aufwickeln der störrischen Kabel nicht zurechtkamen.

Öl, 1 Zehe Knoblauch
1 Dose geschälte Tomaten (400 g)
etwas Käse (Parmesan, Greyerzer oder Bakelit gewordener Emmentaler aus dem Vormonat)
Tomatenmark aus der Tube oder im Döschen

1. Während die Spaghetti kochen, einen EL Öl in der Pfanne erhitzen und Knoblauch dazupressen. Auf kleiner Flamme nur ganz kurz schwitzen lassen. Der Knoblauch darf lediglich blond werden, niemals braun, niemals schwarz!

2. Dose Tomaten öffnen, mit dem Saft die Pfanne ablöschen. Dann mit einem Messer die Tomaten noch in der Dose niederschnetzeln und in die Pfanne kippen. Tomatenmark: Einmal auf die Tube drücken. Feuer frei für 2 Minuten! Salzen, umrühren.

3. Den Pfanneninhalt flugs über den spaghettigefüllten Teller schütten, gut mischen. Nach Bedarf Käseabrieb, Pfeffer und ein Schuß bestes Olivenöl.

Das Grundrezept kann vielfältig abgewandelt werden. Zur Tomatenzeit ersetzen frische Tomaten die dosigen. Wenn der Stümper etwas Zeit und mindestens ebenso viel Geduld aufbringt, gleichzeitig Eindruck schinden möchte, enthäutet er die „Frischlis". Dann teilt er sie in kleine Stückchen, prist mit Salz und Pfeffer und mengt sie frisch unter. Heißes, knobliertes Öl drüber, basta ist die Pasta. Oder aber Öl direkt aus der Flasche und Knoblauch aus der Presse.

Frisches Basilikum (nie mitkochen!) gibt dem Gericht einen vorzüglichen, leicht medizinischen Geschmack, die Beigabe von entkernten Oliven (Vorsicht, sie sondern viel Salz ab!) und Kapern macht die Speise herber. Petersilie, mit dem Knoblauch angeschwitzte Zwiebel und scharfe Peperoni sind nie verkehrt. Grundsätzlich gilt: Je einfacher die Zutaten, umso bedachter müssen sie eingekauft werden. Schon bald wird der Stümper die Erfahrung machen, daß gute Ware nicht nur besser, sondern oft auch billiger ist, weil er weniger davon braucht.

Tomatenblitz

Bei völliger Ebbe in der Kasse, beziehungsweise in größter Eile, schlägt der Tomatenblitz ein: Öl in der Pfanne heiß werden lassen, Knoblauch dazu (nochmals maximale Färbung: mittelblond, hell gesträhnt!). Dann folgen ein Döschen Tomatenmark sowie ein wenig Salz. Die rote Pampe wird mit einer Gabel hektisch auf dem Pfannenboden verrührt. Vielleicht ein halbes Täßchen Spaghettiwasser dazugeben, vielleicht noch einen Eßlöffel „extrajungfräuliches Olivenöl", und alles sogleich über die Spaghetti kübeln. Wenn noch Käse oder Butter zur Hand: umso besser.

Grünes Wunder

Der Italiäner hat für seine Gerichte gerne eigentümliche ausländische Fachbegriffe, gerade so, als wolle er uns beim Genuß seiner heimatlichen Speisen nicht dabeihaben. Da unsereins jede freie Minute geistig in Italien zubringt und auch in der Pizzeria Bottrop-Kirchhellen in schlankem Vollitaliänisch bestellt, können wir uns auch mal gestatten, ein Gericht in die deutsche Sprache zu schmuggeln.

Pesto zum Beispiel kommt von Stampfen, Treten, Schlagen – Tätigkeiten, die im verstümperten Haushalt der Küchen-Kung-Fu alias Mixer mit links erledigt..

frisches Basilikum oder Basilikum in Öl aus dem Glas
(empfehlenswert: RAPUNZEL „Basilic“ aus dem Naturkostladen)
1 EL Pinienkerne, 2 mittelgroße Kartoffeln, 2 Zehen Knoblauch
1 Stück Parmesan von der Größe einer Streichholzschachtel
oder aromatischeren Pecorino, 4 EL Olivenöl

1. Bis auf die Kartoffeln alles in den Mixer geben und ohne Pardon bei Stufe 3 kleinkanten.

2. Kartoffeln schälen und in kleine Würfel schnipseln.

3. Spaghetti wie oben beschrieben kochen, jedoch Kartoffelwürfel mitsieden.

4. Zwei, drei EL Spaghettiwasser abnehmen und in den Mixer träufeln. Das macht den Stampf cremiger. Dann Spaghetti ins Sieb schütten und von dort in den Teller. Mit dem Schaber, den der Mixer-Hersteller freundlicherweise ohne Aufpreis mitgeliefert hat, die grüne Soße aus dem Mixglas kratzen und mit den Nudeln mischen.

Walnußsoße

Eine Soße auf Nußbasis, die ein echter Knaller ist, wenn man im September/Oktober die sogenannten „Schälnüsse“ vom Markt zur Zerkleinerung heranzieht, es geht aber auch so:

eine Handvoll geschälter Walnüsse aus der Tüte
1/2 Becher Sahne, 1 kleine Zwiebel (noch besser: Schalotte)
Butter, Reibekäse, Salz, Pfeffer

1. Walnüsse (bei den frischen Herbstnüssen läßt sich das leicht bittere Häutchen einfach abziehen, und der Nußgenuß nimmt zu) und die abgezogene Zwiebel im Mixer kurz und klein schlagen, jedoch nicht zu Staub zermalmen!

2. In kleinem Topf (am besten eignet sich eine „Sauteuse“) Butter schmelzen und die

Walzwiebeln darin schwitzen lassen. Nicht zu hitzig werden!

3. Nach zwei Minuten die Sahne zugießen und kurz aufkochen. Salzen, pfeffern, beschnüffeln, probieren. Die Soße im ungedeckelten Topf bis zur sämigen Konsistenz verringern. Mit den abgekochten Nudeln verknoten und verschlingen. Toll.

Hans Wurst in Tomate

Vorneweg: Da man bei uns kaum original sardische Giovanni-Würste bekommt, kann man auch spanische Chorizos oder süditalienische Würste, die nicht zu stark gepfeffert sind (bei vielen „Italienern" kann man wunderbare Salsiccie kaufen) dazu verwenden. Nonchalante Stümper nehmen Nürnberger Rostbratwürstchen aus der Dose oder vom Metzger und im Ernstfall grobe Mettwurst; ihr versetzt der Stümper den Tabasco-k.o.

3 EL Olivenöl, 1/2 Zwiebel, Petersilie
200 g frische Schweinewurst oder Chorizos,
„Salsiccia", Nürnberger oder Mettwurst,
alter Harzer Käse
1 kleine Dose geschälte Tomaten
Tabasco

1. Spaghetti in Leitungswasser kochen.

2. Im heißen Öl dämpft der Stümper Zwiebel und Petersilie (vom Blumenkasten nebenan), beides fein geschnitten, gut durch und gibt dann die enthäuteten und in feine Stücke zerteilten Würste dazu, läßt sie unter Rühren leicht anbraten und löscht dann mit den geschälten Tomaten ab. Man läßt die Sauce auf kleinstem (!!!) Feuer 15-20 Minuten köcheln und gibt sie zusammen mit geriebenem, völlig ausgetrocknetem Harzer Käse über die Spaghetti. Stümper-Wink: Den gefürchteten Pecorino (anstelle des Harzer Käses empfehlenswert) findet der Stümper heute fast in jedem italienischen Lebensmittelgeschäft. Und dieser unerbittliche Schafskäse hat ein reiches und entschiedeneres Aroma als Parmesankäse. Nur am Harzer kommt er nicht vorbei.

Sauce Bolognese

kennt jeder. Schließlich bieten Maggi, Knorr & Co. sie in den unterschiedlichsten Aggregatzuständen an jeder Regalecke an. Die nachfolgende Stümper-Variante kommt ohne Letzt-Instant-Gewürzmischungen aus und gibt dem Gericht seine ursprüngliche Herzhaftigkeit zurück. Auch diese Soße kann der Stümper während der Kochzeit der Spaghetti bequem herstellen.

1 grobe Bratwurst, 1 Döschen Tomatenmark
Brühwürfel oder besser Gemüsebrühe (die derzeit besten stammen von „Biogarten", München, und von „Bioforce", Roggwil, Schweiz, in jedem Bioladen, der was auf sich hält)
Öl, Oregano, Salz, Pfeffer
Gemüsesaft (z. B. von Hitchcock)

1. Wenig Öl in der Pfanne erhitzen und die Bratwurst aus dem Saitling (der Stümper kennt das als Pelle) wie aus einer Tube drücken. 3 Minuten kräftig durchbraten, dabei das Brät mit dem Kochlöffel zerstückeln, bis der Pfannenboden bedeckt ist.

2. Tomatenmark dazurühren und kurz mit anhängen lassen. Dann mit einem Täßchen Brühe und einem guten Schuß Gemüsesaft Feuerwehr spielen. Festklebungen am Pfannenboden mit dem Löffel lösen. 5 Minuten bei mittlerer Hitze köcheln. Abschmecken, wobei die wesentlichen Gewürze schon in der Wurst enthalten sind. Eine Prise Oregano betont die Pizzarichtung.

Der Abfall der Niederlande oder East of Edam

Das Gericht ist frei nach Friedrich Schillers („Die Glocke") heute leider in Vergessenheit geratener Schrift entwickelt und dem Andenken des Klassikers gewidmet; der Meister hätte bei Tisch sicher ein paar Gläslein vom guten Roten dazu gekippt. Tun wir's auch!

50 g Butter (Süßrahmbutter wär' jetzt wunderbar!)
1 Stück jungen Goudas, ca. 50- 100g
1 Becher saure Sahne oder Crème fraîche
Spaghetti oder Bandnudeln, Pfeffer, Salz, Muskat
Kirschwasser oder anderes flüssiges Obst, Knoblauch

1. Nudeln aufsetzen und gut durchkochen. Unser Aldente-Zahnarzt kann kommen, wann er will!

2. Der Stümper schneidet ein gutes Fünftel vom frischen Butter-Halbpfünder und macht es im Töpfchen auf kleiner Flamme flüssig. Während die Butter dahinschmilzt, reibt er den Käse fein klein. Dann wird eine gute Handvoll davon (ungefähr 70 g) nach und nach mit der heißen Butter vermengt und mit dem Schneebesen glattgerührt. Vorsicht: Das Gemisch niemals braun werden lassen, also sparsam sein mit Hitze. Die Sache klumpt und zeigt sich widerspenstig? Aufruhr? Verrat? Na gut, dann ist's Zeit für 2 EL saure Sahne. Am Schluß mit Kirschwasser glattrühren. Der Abfall unseres Nachbarlandes hat jetzt die Konsistenz einer Fondue. Ordentlich weißen Pfeffer, wenig Muskat, wenig Salz (der Käse enthält schon genug davon), Knoblauch nach Bedarf.

3. Nudeln abgießen und auf einen Teller sortieren, die Sauce rasch darübergießen und schön sämigfettig in den Rachen flutschen lassen.

4. Nach Tisch: Stilgerecht nach Schillers Gepflogenheit an einem faulen Apfel riechen und eine opulente Ballade auf's Papier werfen.

Stümper-Tip: Wenn man statt Gouda Edamer nimmt, braucht man etwas weniger Butter und darf das Essen stolz „East of Edam" nennen.

Schnelle Sardelle

Spaghettisoßen gibt's wie Sardellen im Meer. Die hier weckt mit einem Tubenhauch mediterrane Lebensfreude und vorurlaubliche Gefühle.

1 Tube Sardellenpaste
1 Becher Sahne
1 kleine Zehe Knoblauch
1 schwarzes Tuch

1. Goldfischglas mit schwarzen Tuch verhüllen. Der sensible Arthur braucht nicht zu wissen, was Herzchen heute mit seiner maritimen Mischpoche anstellt.

2. 125 Stengel Spaghetti kochen.

3. Einen halben Becher Sahne im kleinen Töpfchen heiß machen und Knoblauch hineinpressen. Eine Minute durchkochen. Dann etwa 1/8 Tube Sardellenpaste in den Topf drücken und mit dem Schneebesen fein verteilen. Auf kleinem Feuer zügeln, bis die Spaghetti fertig sind.

4. Spaghetti mit der Soße vernudeln, „Caprifischer" auflegen und emsig wickeln.

Halt's-Maul-Taschen

Ein langer Sonntag im Regen, im Regal eine Dose, im Magen ein Grimmen. Was tun? Schnell sind die Ravioli von der roten Tunke befreit und lachen zwischen Zwiebeln und Speck aus der Pfanne. Ein Klacks Schmand, ein paar Haselnüsse sowie ein Niesen Safran machen die Sache annehmbar und wenden die Tristesse vom Tag.

1 Dose Ravioli (Sonnen Bassermann und Maggi liefern gerade noch vertretbare Sorten)
1 Becher saure Sahne, Schmand oder Crème fraîche (viel schöner und bes-

ser findet der Stümper inzwischen die Crème double von Ehrmann)
10 Haselnüsse, 1 Möhre
Butter oder Schmalz, Salz, Pfeffer, Petersilie oder Kresse
1 Kondensmilchdosenlocher, Safran bei Gästebefall

1. Die Dose Ravioli wird oben siebartig gelocht und kopfüber in den Ausguß gestülpt. Die rote Tunke (auf dem Etikett steht Tomatensoße danke, von selber wären wir nicht draufgekommen) fließt ab. Nur Geizhälse fangen die Soße in einem Tiegelchen auf und recyceln sie als Tomatensuppe.

2. Butter oder Margarine in der Pfanne erhitzen, eine kaputtgeschnittene Zwiebel hineinwerfen. Nach einer Minute die abgetropften Barbie-Kopfkissen dazubetten und alles bei mittlerer Hitze weiter braten, dabei vorsichtige Wendemanöver durchführen. Wenn die Kissen leicht krustig geworden sind, läßt es der Stümper gut sein.

3. Schabschab die Möhre, längs halbieren und in niedliche Scheibchen schneiden. Nüsse ins Küchenhandtuch wickeln und mit einem kräftigen Absatztritt am Boden kleintreten.

4. Die Halt's-Maul-Taschen in einen tiefen Teller bugsieren, mit einigen TL Crème fraîche verkleckern, mit Haselnuß und Karotte garnieren. Pfeffer und Peterling nach Belieben. Bei Gästebefall den ganzen Quatsch mit einem Niesen Safran oder mit billigerem Curcuma/Gelbwurzel schönfärben.

Schniposa

Stümper beugen sich nur widerwillig der essenden Mehrheit und wenn, dann mit gutem Grund. Deutschlands einfüllreichstes Gericht, vergleichbar dem französischen „Steakfritt“, ist „SchniPoSa“: Schnitzel-Pommes-Salat. Neben den gefürchteten Jägerschnitzeln behauptet sich dieser mitteleuropäische Grundnahrungswert nur mit Mühe und selten genug in der ursprünglichen Kalbsversion. Was landläufig als „Schnitzel Wiener Art“ firmiert, hat mit dem Original im besten Fall die braune Karosserie gemeinsam. In der Regel überwabern finstere, zähflüssige, total verpilzte Pulversoßen die Chose. Nur restlos

verzagte Schlucker werfen angesichts dieser transkulinarischen Schrecken die Flinte in den Doppelkorn.
Schniposa original zuzubereiten, ist weniger Kunststück als vielmehr tief verfressene Überzeugung. Ein paar Winke von Stümper zu Stümper sorgen für absolute Vorfahrt auf der Schnitzeljagd:

1 Schnitzel vom Kalb (möglichst von „Neuland")
1 Ei, 2 EL Mehl
1 Packung LEIMER „Mutschelmehl" oder halt gewöhnliches Paniermehl
Salz, Pfeffer, Maggi
3 große Kartoffeln, 1 Kopf Salat
Erdnußöl, Olivenöl, Essig
1 Zitrone, 2 Bier
1 Schaumlöffel aus der Nachbarwohnung

1. Das Schnitzel wird beim Metzger unseres Vertrauens angekauft. Zu Hause wird es gewaschen, mit einem Tuch abgetrocknet und mit Hilfe einer Weinflasche beliebigen Jahrgangs bis zur Unkenntlichkeit geklopft. Nicht zu fest prügeln, das schadet dem Wein. Bevor aufgeschreckte Nachbarinnen dem Hobbyhandwerker in den Arm fallen, hat der Stümper sich ein ums Doppelte des Ausgangsformats vergrößertes, etwa handtellergroßes Stück zurechtgeklopft. Es wird mit Pfeffer und Salz gepriesen.

2. Der Stümper gibt 2 EL Mehl in einen tiefen Teller und wendet die Schnitzel darin. Danach schüttet er eine Handvoll Paniermehl in den selben Teller.

3. Ein Ei wird mit der Gabel in einem weiteren tiefen Teller verquirlt und mit ein paar Spritzern Maggi, etwas Salz (wenn Tabasco da ist, nur zu!) abgeschmeckt.

4. Das mehlbestäubte Schnitzel wird gründlich im Ei gebadet und anschließend im Paniermehl mehrfach gewendet. Mit einigen Faustschlägen wird die Umhüllung unverrückbar justiert. Der Stümper hat seine Pfoten im Eifer mitpaniert, also ist erstmal Händewaschen angesagt.

5. Ein walnußgroßes Butterstück (Margarine geht auch) mit einem EL Öl in der Pfanne erhitzen, das panierte Ufo nach einer halben Minute hineingleiten lassen. Für eine weitere Minute Feuer volle Pulle, dabei Pfanne wuchtig rütteln. Vorsicht, das Fett darf nicht rauchen! Dann Flamme zurückschalten. Sachte, ja skrupelhaft 2 Minuten weiterbraten, wenden und dasselbe nochmal. Weiteres Wenden ist ein eklatanter Verstoß gegen die Spielregeln!

6. Derweil den Salat von den groben Außenblättern befreien und den Rest in mundgerechte Stücke rupfen. Im Sieb der Salatschleuder werden die Blätter gründlich geduscht und danach geschleudert. Dauert eine Minute.

7. Eine Zehe Knoblauch in die Salatschüssel pressen, bißchen Salz und 1 TL Essig dazu. 1 EL Olivenöl wird kurz vor dem Essen rasch dazugerührt. Damit steht der Salat.

8. Pommes! Fast vergessen! Und das bei einem Thema für ganze Seminare und Universitäten. Mühelos wird der Stümper zum Dr. rer. pomm. , wenn er § 9 bis § 11 beherzigt:

9. Zwei große Kartoffeln von der Schale befreien und in pommestypische Stengel schneiden. Im Küchenhandtuch abtrocknen. Soviel Zeit muß sein.

10. In einem kleinen Töpfchen oder einer hochwandigen Pfanne schmurgelt Erdnußöl auf höchster Flamme: Hierin baden die Kartoffel-Kantlinge für einige Minuten, immer wieder vom Stümper mit der Gabel herumdirigiert. Goldbraun werden sie mit einem Schaumlöffel (von den netten Nachbarn) herausgehoben und auf Küchenkrepp kurz entfettet. Puristen backen ihre Pommes in zwei Durchgängen und lassen sie zwischendurch auf einem Teller für einige Minuten auskühlen.

11. So, jetzt nur noch salzen und mit roter Ketchup-Mütze versehen. Schnitzel und Salat warten schon. Die Zitrone kreist einmal noch über dem Teller, und dann wird alles happihappi weggeputzt. *Der* Drops wäre gelutscht.

Kammerjägerschnitzel

Nach einem arbeitsreichen Tag stärkt sich der Kammerjäger gern an seiner Jagdbeute, die zusammengefegt ungefähr zwei Kehrschaufeln ergibt (Altbau), von der er wiederum einen Teil mit wenig Eigelb zu einem Schnitzel formt.
Der Stümper verzichtet aus Artenschutz-Gründen auf die Zubereitung mit echtem Ungeziefer. Er greift auf das in der Substanz ähnliche Tofu zurück und macht daraus ein Kammerjägerschnitzel. Die Beigabe von Pfifferlingen ist eine Reminiszenz an das echte Jägerschnitzel, der vogelfutterartige Wildreis als Beilage liefert die ungeziefertypische Geschmacksnote. Inzwischen findet der Stümper in jedem Supermarkt auch die einfacher zu handhabende Reis-Wildreis-Mischung.

Tofu im Block, 1 EL Wildreis, 1 Tasse Zivilreis Patna Langkorn
Pfifferlinge (Dose oder Glas)
Butter, Öl, Salz, Pfeffer und Sojasoße

1. Reichlich Wasser im großen Topf aufsetzen. Eine Kinderhandvoll Wildreis und eine Mannesfaust Zivilreis (oder einen Kochbeutel Reis-Wildreis-Mischung) hineinwerfen und wie Nudeln 20 Minuten in die Knie kochen.

2. Öl in der Pfanne heiß werden lassen.

3. Vom Tofublock zwei hirschkäferdicke Scheiben schneiden und in der Pfanne (oder im Wok) auf beiden Seiten je 2 Minuten recht kräftig braten.

4. Pfifferlinge entdosen oder entglasen und im Sieb abtropfen lassen. Dann zu den Schnitzeln geben und kurz mitbraten. Sojasoße und Pfeffer runden ab.

5. Reis im Sieb abschütten und gleich wieder in den Kochtopf zurück. Mit Butter, Zitronensaft und wenig Salz (Reis braucht nicht viel) aufziegeln.

6. Ein Gläschen Maikäferbowle ist ein sehr guter Begleiter dieses unkomplizierten Gerichtes.

Schürzenjägerschnitzel

Die Arbeit des Schürzenjägers verlangt äußerste Diskretion. Gerade die in den letzten Jahren meist durch unschöne Eifersucht (vermehrt um sexualsoziologische Problematiken) heraufgerufenen Gefahren haben den Schürzenjäger durchaus wachsam, bisweilen gar regelrecht menschenscheu werden lassen. Eine ernste Beunruhigung hat die ganze Branche ergriffen. Boulevardblätter geizen da nicht mit lebendfrischen Sottisen aus seiner Welt, und Damen beiderlei Geschlechts beklagen das mähliche Verschwinden dieses einst so heiteren Berufsbilds. Deshalb war es nicht möglich, das gewiß sehr anregende Rezept dieses Jägers und Rammlers in Erfahrung zu bringen. Nur soviel ist der Agentur TASS KAFF zur Kenntnis gelangt: Das Schürzenjägerschnitzel Typ „Casanova" wird in der Grundversion für zwei Personen bereitet, besteht zu annähernd gleichen Gewichtsanteilen aus Huhn und Hahn und wird für gewöhnlich unter Beimengung von (für Kinder unzugänglich aufzubewahrenden) Triebmitteln (vielleicht Hirschhornsalz?) gereicht. Nach dem Genuß dieses Labsals lockert der Schürzenjäger Kravatte und Schürze und befreit sich am Stiefelknecht von der Einengung seiner Füße durch das Schuhwerk. Dann küßt er seinen Taschenspiegel.

Selleriesteak à la „Oswald Kolle"

(für Jugendliche unter 14 Jahren nicht geeignet)

Eine heimliche Liebe des Stümpers ist der Heimporno- nicht die rammdösigen Rammelvideos mit schwarzen Socken, sondern selbstgedrehte, mit schwitzigen Fingerchen geklebte und synchronisierte (!) Celluloid-Eskapaden unter und über der Bettdecke. Erste Stehversuche in diese Richtung verdanken sich der Aufklärungsarbeit des namhaften Sexologen Oswald Kolle.

Nach einem anstrengenden Drehtag reanimiert der Stümper seinen müden Leib mit Sellerie, der Sexualknolle. „Sellerie verbessert die Drüsentätigkeit", orakelten noch 1954 Kochbuchklassiker wie Lilo Aureden. Heutzutage wissen wir: Das unscheinbare Gemüse enthält einen satten Schub aus Ekto-Hormonen, animalischen Sexuallockstoffen, die selbst den schlappsten Stümper wieder auf die Palme schütteln.

250 g Knollen-Sellerie
75 ml erste Sahne
Salz, Pfeffer, Muskat, 1 Zitrone

1. Von einer soliden Knolle schneidet der Stümper zwei pralle Scheiben von halber Genitalstärke.

2. Er spritzt ein wenig Zitronensaft darüber ab.

3. Pfeffer, Salz, Muskat pudern zart die nackte Oberfläche.

4. Die Scheiben werden in die langstielige Pfanne gelegt und mit erster Sahne übergossen.

5. Die Röhre ist heiß und zur völligen Hingabe bereit. Der Stümper schiebt die Pfanne rein. Die runden Dingerchen schmurgeln 20 anregende Minuten auf 180 Grad.

6. Heat is out, the show goes on. Frisch gestärkt dreht der Stümper vielleicht noch eine Ehrenrunde mit Mutti oder delektiert sich nach der alten Knolle an jüngerem Gemüse. Tafelmusik-Tip: Radetzky-Marsch, dirigiert von Carlos Kleiber.

Pizza Mortale

Echte Pizza zu Hause ist eine ziemlich witzlose Sache – der herkömmliche deutsche Herd erreicht die pizzanotwendigen Hitzegrade einfach nicht. Gleichwohl reizt es jeden gestandenen Stümper, angesichts der grassierenden Pizza-Abstürze in den dafür zuständigen Gipshöhlen italienischer Provenienz selbst den Tomaten-Käse-Salto zu schlagen. Hier ist sie, die Pizza Mortale.

1 kleine Dose Tomaten (vgl. „Warenkunde“)
1 Mozzarella aus dem Beutel (bloß keinen „Pizzaiola“, der ähnlich verpackt ist, und weil billiger, dafür umso ungenießbarer in immer mehr Supermärkten feilgeboten wird)

1 türkisches Fladenweißbrot im LP-Format oder Pitabrot
1 EL Olivenöl, 1 Zehe Knoblauch
etwas Parmesan, Oregano, Pfeffer, Salz

1. Backofen auf volle Socke stellen. Den Brotfladen mit der 26cm-Klinge des Wiegemessers horizontal in zwei Teller teilen. Einen davon aufs Backblech legen.

2. Dose Tomaten (natürlich nur die Tomaten) ins Sieb schütten und darin mit dem Messer zerkleinern. Ein wenig Salz zugeben und abtropfen lassen.

3. Die Röhre röstet die eine Brothälfte fauchend, bis sie nach 8 Minuten entleimt und leicht gebräunt ist. Der Stümper holt sie wieder heraus und zerreibt die Knoblauchzehe wie einen Radiergummi auf der krossen Oberfläche. Dann kommen die Tomaten drauf, Käse wird darübergerieben es regnet ein wenig feingeriebenen Parmesan, mehr Oregano und Pfeffer. Der Mozzarella wird in dünnen Scheiben auf der Stümperpizza Mortale verteilt. Zum Schluß Olivenöl in ganz feinem Strahl über die Oberfläche gießen. Vorsicht mit Salz.

4. Zurück in die Röhre und ungefähr 10 bis 15 Minuten bei mittlerer Stufe backen. Der Käse sollte dann schön hingeschmolzen sein, nicht blasenartig zerschmurgelt! Ein bißchen Obacht macht den Stümper!

5. Aus der Pizza wird ohne weiteres eine Calzone, indem man die zweite Brothälfte obenauf deckelt.

Pizza Interrupta

Was wird sonst aus der zweiten Brothälfte? Entweder sie muß dicke Nutellapampe am nächsten Morgen traurig tragen oder sie wird zur „Pizza Buin", wie der sonnenverliebte Italiener sagt, dem gefürchteten Knoblauch-Rundumschlag und probaten Mittel der Klammerbeziehungs-Prävention (Rotraud mag dich nicht mehr riechen, Stümper!). Sie wird ebenso wie ihre bessere Hälfte geröstet und diesmal mit zwei Zehen Knoblauch aufgezwiebelt. Anschließend in mundgerechte Happen zerteilt und bei Tisch kopfüber in einen tiefen Teller getaucht, dessen Boden mit schön sattgrünem Olivenöl bedeckt ist.

Etwas Salz noch – fertig ist der Hochgenuß! Man fragt sich unversehens, warum man sich den Umstand mit der Pizza Mortale überhaupt gemacht hat.

Rattofäng à la Brösel alias Ragoût fin de siècle

Vor der Suppe und nach dem Dessert droht fürchterlich das richtige Leben. Das macht bisweilen hungrig auf eine niedliche Trostspeise, zubereitet im 10-Minuten-Turbostil und nach exakten Angaben von Meister Rötger „Brösel" Feldmann aus Hedwig-Holstein:

1 Dose Ragoût fin (von Jensen, Bassermann oder Lacroix u. a.)
4 Blätterteigtörtchen bzw. Pastetchen
Petersilie, 1 Zitrone oder Zitronenextrakt aus der Gummiflasche
Worcestershiresauce, Maggi, Tabasco nach Gutdünken und Stehvermögen
weißer Pfeffer, 1 schöne Tomate, 1 Topflappen

1. Dose auf und Rattofäng im Töpfchen auf kleine Flamme stellen. Während das vor sich hinpöpelt, die Törtchen im Backofen für zehn Minuten bei halber Hitze backen.

2. Wer Elektroherd hat, schaltet ihn auf Stufe 1 und stellt einen Teller auf die Platte. Wer nicht, der packt den Teller zu den Törtchen in die Röhre. Es ist wichtig, daß der Teller gut angewärmt ist!

3. Petersilie kleinhacken, Tomate kaputtschneiden.

4. Teller bereitstellen (Autsch! Topflappen!) und zwei Törtchen aufbringen. Diese werden sogleich mit dem Ragoût gefüllt und kräftig mit Petersilie bestreut. Dann Worschester drüberträufeln und mit Zitrone und weißem Pfeffer nicht sparsam sein! Die Mützen aufsetzen und mit ein paar Spritzern Maggi aromatisieren. Anschließend werden die Tomatenhappen rundum auf den Tellerrand gelegt und mit dem Rest der Petersilie bestreut. Grün und rot lassen das Gericht nicht so eintönig aussehen.

Wenn die ersten beiden vertilgt sind, kommen die restlichen Pasteten dran, die in der abgeschalteten Röhre warten. Oder der Stümper ist heute mal nicht ganz so gierig und bereitet ein Ragoût for Two. Schmeckt genauso gut, nur kriegt jeder die Hälfte.

Brökelsuppe

für zwei gleichgesinnte Stümper

Kiel-Ostufer/Schleswig-Holstein. Wie die renommierte Presseagentur TASS KAFF meldet, wird Brökelsuppe aus Dosensuppen hergestellt, die, für sich alleine verzehrt, keinen echten Bestand haben. Erst in der Brökel-Gesellschaft entfallen die einsamen Einzeldosen ihr seltsam sättigendes Bukett.

1 Dose Maggi Rindfleisch „Extra Qualität"
1 Dose rote Kidney-Bohnen
1 Dose Meica Rindswürstchen
1 Dose Spargelcreme mit Butter von UNOX EXTRA
Worcestershire, Tabasco, Sojasoße

1. Alle Dosen öffnen und mit Ausnahme der Würstchen in einem Topf auf halber Flamme heiß machen. Die Rindfleischsuppe von Maggi ist doppelt, wie der Laie sagt, d.h. die Packungsanleitung sieht vor, sie um die gleiche Menge Wasser zu verlängern, der Stümper läßt das.

2. Meicas in kleine Rädchen schnippeln und im Gebrökel heiß werden lassen. Mit ordentlich Wuster und Tabasco nachhaltig abschrecken.

Dublin Coddle

Iren sind menschlich, auch wenn man das ihrer irren Küche nicht anmerkt. Gegen einen gepflegten Wahnsinn à la Flann O'Brien (ein grandioser Schreiber!) im Stümperheim spricht eigentlich nichts, wenn man sich in feinstem Irisch an das folgende Delirium hält:

8 medium sized onions
1 LB pork sausages
1 1/2 streaky bacon rashers
1 onion (Big Fucker) or 2 small onions
4 large potatoes, 3 carrots
parsley, sage, rosemary and thyme
salt & pepper

1. Put everything in a big pot. Peel the spuds, chop them in half & chop the onion. Add some salt & a „langer load" of pepper. Fill the pot with water until everything is covered. Bring to the boil & stew for about one hour.

2. This will feed 4-6 people for about 15 Deutschmark and if you plan doing some serious drinking, a „coddle" supper (or breakfast) before hand will give you the strength of 10 men! Has been known to improve potency!! (Have you ever wondered why there are so many Irish people for such a little country?) And if you're going a little thin on top, you could try rubbing a bit in. Serve with bread & a „Quart" (quarter gallon of beer).

3. Ná Leágann Dia Do Laimh! – Don't Raise Your Hand To God!

Kuß Kuß

für 4 Stümperinnen und Stümper

Kuß Kuß ist das Chop-Suey des Arabers. Es ist ein Gericht, was unentwegt wie der russische Tee im Samowar über seiner Feuerstelle schaudert und in tausend-und-einer-Nacht Variationen durch die Basare dünstet. Auch der Stümper hat einen rapiden Beitrag zur Kuß-Kuß-Kultur auf Lager, der viel leichter zu machen ist, als es die folgende Aufzählung ahnen läßt.

200 g Lammfleisch, grob durchgedreht vom Metzger des Vertrauens
1 Hühnerschenkel
500 g Couscous-Grieß (etwa von RAPUNZEL aus dem Bioladen)
2 Würfel KNORR klare Fleischsuppe oder Gemüsebrühe
1 kleine Dose Tomaten, 2 Karotten,
1 Kartoffel (wenn gerade da)
1 kleine Dose Kichererbsen
Tube Harissa (z. B. „Le Flambeau du CAP BON" von der scharfen Ecke des Supermarkts), bzw. ersatzweise Tabasco oder Chili (ob Pulver, zerstoßene Schoten oder ganze: Brennen tun sie alle!)
4 Zehen Knoblauch
1/2 Hand Sultaninen, Rosinen oder Korinthen
Tempo-Taschentücher

1. 500 g Couscous samt Sultaninen in eine Plastikschüssel kippen und mit einem kleinen Bierglas voll lauwarmen Wassers befeuchten. 2 gestrichene TL Salz dazu und schön mit der Gabel lockernd durchfahren. Freunde des Olivenöls träufeln noch 2 EL davon über den Grieß, um ihn besonders geschmeidig zu machen. Deckel drüber. 20 Minuten nicht angucken.

2. Lammfleisch zusammen mit dem Hühnerbein in heißem Öl kurz und kräftig anschmurzeln. Nach 35 Minuten mit einem Liter Wasser ersäufen und aufkochen.

3. Knorr-Suppe hineinwürfeln, Dose Tomate und Dose Kichererbsen hineinkippen, Knoblauch hineinpressen, Karotten und Kartoffel (geschält) hinterher. Eine halbe Stunde köcheln lassen. Ordentlich Harissa oder Tabasco einbringen, umrühren.

4. Couscous-Grieß im Sieb über kochendem Wasser für 20 Minuten dämpfen.

5. Kuß-Kuß in eine Schale schütten und den Topf mit der Fleischsuppe danebenstellen. Keine Sorge, alle werden reinhauen... und dich, Stümper, dafür abküssen. Kuß auf Kuß, wie der Name schon sagt. Tempo-Taschentücher entfernen den Lippenstift von allen sichtbaren Körperteilen.

Ästheten bitte weggucken: Ganz eilige Stümper holen sich ein halbes Hähnchen vom Grill und zwei Schaschlik-Spieße als Fleischeinlage und verzichten auf Frischfleisch. Vegetarische Stümper nehmen einen Block Tofu und braten ihn verwürfelt in seidigem Öl nieder.

Küßchen Küßchen

ist die herzallerliebste Steigerung des Genusses:

500 g Couscous-Grieß
1 Dose LIBBYs Feigen „stark gezuckert"
125 g Butter
1 EL Zimt, 1 Döschen grüner Pfeffer
1 Hand Walnüsse oder Pistazien

1. Couscous dämpfen wie unter § 4, in die Salatschüssel schütten und mit der Butter (gewürfelt) vermischen. Mit Zimt und Zucker bestreuen.

2. Dosenfeigen, ein paar Walnüsse sowie 1 EL grüner Pfeffer in den Mixer geben und einmal (wirklich nur einmal!) hochjagen. Als Soße zum Küßchen Küßchen geben. Mit frühem Bob Dylan oder Hannes Wader sacht musifizieren.

Extrawurst

Früher bekam niemand eine Extrawurst gebraten. Sie wurde gekocht, gesotten, geselcht. Heute durchbricht der Stümper das Tabu: Extrawurst aus der Pfanne:

2 stümperkochbuchdicke Scheiben von schöner fester
Landleberwurst (Lyoner oder Gelbwurst für Rotraud)
GRAFSCHAFTER „Goldsaft“ (noch besser BAUCK „Zuckerrüben Sirup
aus dem Reformhaus) oder Orangenmarmelade
Sojasoße, Toastbrot
Palmin, Rama oder Schweineschmalz
für Extrawursts Beilager:
4 EL feingemahlener Grünkernschrot, Brühwürfel

1. Leberwurstscheiben bei mittlerer Hitze in wenig Fett auf beiden Seiten anbraten. Pfanne dabei rütteln, damit nichts anhängt. Das Schmurzein dauert auf jeder Seite etwa 5 Minuten.

2. Die angebräunten Scheiben von der Pfanne auf einen Teller überführen und rasch 2 EL Rübenkraut (oder Orangenmarmelade) auf dem Pfannenboden verteilen und die Leberwurstscheiben dazulegen. Ein TL Sojasoße in die Pfanne gießen, tüchtig aber kurz befeuern. Dabei die Scheiben wenden, damit sie die Glasur von beiden Seiten annehmen können. Dann ist gut.

3. Während der Braterei kocht bereits ein Brei: 3 EL Grünkern werden in 1/2 Liter klarem Bratensaft (von Fleischer GmbH, gibt's beim Fleischer neben der Kasse, oder Instant-Fleischbrühe) oder Gemüsebrühe in ungefähr 20 Minuten dickgekocht und mit ein bißchen Butter aufgestockt. Vorher ab und an umrühren und Anhängsel mit dem Kochlöffel vom Topfboden aufstöbern.

Tafelmusik-Tip: „Music for a new Society“ von John Cale.

Hauwegburger

Burger scheinen uneinnehmbar. Die Beliebtheit der pappigen Dinger steht in keinem Verhältnis zu ihrem kulinarischen und ernährungsphilosophischen Wert. Gleichwohl gilt: Mit wegwerfenden Gesten an McDonalds, Burger King und Sonstwie-Burger vorüberzugehen, das schaffen auf Dauer nur Langstrecken-Asketen. Deshalb ist der folgende Bausatz hauptsächlich zur strategischen Vorbereitung des Stümpers für den Besuch der einschlägigen Lokalitäten gedacht. Man will doch wenigstens begreifen, was man nicht versteht. Oder was?

100 g Rindergehacktes, 1 kleine Gemüsezwiebel
1 Eigelb, Kondensmilch, Maggi, Senf
Mayo (ganz wunderbare gibt's im Reformhaus in Tuben)
Ketchup, Pfeffer, Salz, 2 Brötchen
1 Mikrowelle (Karin hat eine für die Milchflasche von Sophie)

1. Halbe Gemüsezwiebel im Mixer kleinmachen, Eigelb, Pfeffer, Salz, Maggi und Hack dazu, dreimal Schockmixen. Alles herauskratzen und zu zwei ovalen Küchlein formen. Wenn's zu sehr pappt, wird der Klebstoff in wenig Brösel oder Mehl erstickt.

2. In die geölte und erhitzte Pfanne damit. Auf beiden Seiten braunschmurzeln. Dauert ungefähr zwei Minuten auf jeder Seite, bei mittlerer Hitze wohlgemerkt. (Der Stümper moduliert ständig die Gaszufuhr und hat nach einigen Spontanverkohlungen den Brand unter Kontrolle. Faustregel: Eine Hand feuert, eine probiert.)

3. Brötchen halbieren, Pflichten verdoppeln. Kurzer Zählappell: Richtig, mit vier Stücken haben wir es jetzt zu tun. Jedes wird mit einem Streifen Kondensmilch beträufelt und kommt für schlappe 50 Sekunden in den Schnellen Brüter.

4. Nach diesem Face-Lifting wird Rouge aufgelegt: Ketchup (vgl. „Warenkunde"), Senf und Mayo auf die Hälften, Buletten dazwischen, zuklappen. Perfektionisten schneiden von der übriggebliebenen Halbzwiebel schmale Halbringe und kleben sie mit ins Boot. Bei der Konkurrenz oft gesehene Gurkenscheiben und Tomatenschnitzelchen machen den Burger nicht besser.

Sojagummibälle

Es gibt einen transparenten, weißlichen Radiergummi, dessen Bißfestigkeit der von Tofu entspricht und welcher den Gedanken, wenn der Stümper radiert, ganz unwillkürlich auf dieses Eßgut richtet. Dieses Tofu besteht aus „To" und „fu". „To" heißt Sojabohne auf Chinesisch, und „Fu" bedeutet nicht Karateschlag, sondern geronnen oder gestockt. Das Zeug schmeckt nach nichts, ist dafür aber elastisch und irgendwie vertrauenerweckend. In Zeiten der diversen Lebensmittelkrisen (Schafspest! Verrückte Rinder! Östrogen-Kälber! Überrippte Schweine! Knasthähnchen! ComPuter!) heißt der hypochondrische Stümper gern diesen Fleischaustauscher in Topf und Pfanne willkommen.

100 g Tofu natur (also nicht geräuchert oder gekräutert)
10 geschälte Walnüsse, 10 Haselnüsse, 20 Pistazien
1 Zwiebel
1 Scheibe Pumpernickel
1 kleine Möhre, 1 Kartoffel, geschält
bißchen Öl (am besten Traubenkernöl)
eventuell 1 TL Mehl zur Verfestigung
Pfeffer, Salz

1. Tofu in ein Tuch packen und gut auswringen. Anschließend mit allen übrigen Zutaten (außer dem Öl!) in den Mixer: Mööööööööööööööööööh! Das Gummi muß nach dieser Behandlung 10 Minuten abschlaffen.

2. Drei runde Bälle aus dem Sojateig formen und im Öl vorsichtig 5 – 10 Minuten durch die moderat erhitzte Pfanne kugeln lassen.

3. Dazu paßt gut ein Schälchen Reis, das vor dem Servieren schön mit viel Zitronensaft beträufelt wird.

Broccol Harum

Früher hatte der Stümper lange Haare, die in die Suppe hingen. Heute liebt er den Broccoli, das Gemüse mit Afro-Look. Die grünen Wuschelkopf-Pflanzen sind eine gute Gelegenheit, wieder mal alte Platten zu hören und Freunde zu bewirten, die eigentlich sonst alles essen außer Gemüse.

1 kg Broccoli (im Angebot!), Butter, Salz, 1 Zitrone
Marihuana & Billigwein & Rum
150 g Formkäse, „ToastScheibletten"
oder echten Emmentaler (besser ist das!)

1. Der Broccoli wird von diesem seltsamen durchsichtigen Plastikzeugs befreit und erst mal ganz unhippiemäßig heiß abgeduscht. Die harten Enden der Stengel abschneiden: Hippies sind Softies. Stengel schlitzen.

2. Die Broccolifamilie wird in einen hohen Topf gestellt, damit die Stiele mehr Hitze kriegen als die zarten Köpfchen. Kochendes Salzwasser nur bis zum Bauch; Hut (Deckel) drauf. Kontrolliert kochen.

3. Der Stümper spielt die Seite 3 des ersten Woodstock-Samplers: „Coming into Los Angeleeees, bringin' in a couple of keeeeys" und dergleichen. Unterdessen wird der Backofen vorgeheizt und das Psychedelic-Dressing in Angriff genommen:

4. Ein Viertelstück Butter, also rund 60 g, wird zusammen mit einem Schuß Öl sanft in einem Topf erhitzt und löst sich auf wie die Sorgen des Tages bei „Good Vibrations". Love and Peace! Zwei Eßlöffelchen Marihuana fänden, wären sie nicht so furchtbar verboten, ihren Weg in die Butter. Ein paar Spritzer Billigwein, Salz und eine Prise Muskatnuß gesellen sich dazu. Keep it cool, brother, sonst schmurgelt das Dope weg.

5. Wenn die Platte abgelaufen ist, ist der Broccoli gut drauf und kann raus aus dem Topf. In einer Pfanne oder Auflaufform wird er mit dem Buttersud übergossen, mit den Käsescheiben belegt und mit Zitronensaft bespritzt. „Voodoo Chile"! Rein in die höllenheiße Röhre. Dem Typ, der in seine Gitarre gebissen hat, gut zuhören!

6. Nach einer guten Singlelänge („Something in the Air" von Thunderclap Newman) riecht die Küche wie die Kantine des Rauschgiftdezernats, die Katze liegt auf dem Rücken und der Broccoli ist fertig zum Drop-Out. Zwei Eßlöffel Rum über der ganzen Chose liefern die karibisch selbstvergessene Note.

Drogengegner und Polizisten versuchen sich an der Secret-Policeman-Variante, bei der anstelle des Marihuanas geschmuggelter Southern Comfort verwendet wird. Zur Einstimmung geeignet ist anstelle der Hippiemusik ein alter James-Bond-Film, directed by Albert E. Broccoli. In diesem Fall empfiehlt sich auch echter Käse, der das Marihuana im Grundrezept nur unzureichend versiegeln und vor Verdampfen schützen würde.
Zum schönen Schluß hören wir „Salty Dog" (Endlosschleife) von Broccol Harum und tanzen mit der Geliebten in den Morgen.

Satt 1 alias Havanna Potatoe

Ein windelweiches Fernsehgericht

Von den uns bekannten Kochbüchern gibt es keins, das fernsehbegleitende Kochideen auf Lager hätte. Komisch eigentlich, denn die Leute gucken doch beim Essen gern fern. Ob es an der Qualität des Fernsehprogramms liegt? Oder an den Einschlafquoten? Was ist mit dem Fernsehkoch? Keine Idee? Der Stümper meint, so schlecht will einfach kein Gericht sein wie Fernsehn zur Mahlzeit!
Anschließend ein gewagter Versuch, der auch in die Rubrik: „Welche Rezepte geben wir unseren Neidern mit auf den Weg?" passen würde. Zwingend dabei ist, daß man dieses Gericht in sich hineinmümmeln kann, ohne den Blick von der Glotze zu nehmen. Da bietet sich nach kurzem Nachdenken Kartoffelbrei an. Besonders Blindverkoster schätzen seine sämige, biß- und problemlose Konsistenz. Also auf zur Kartoffel! Sie wird flugs geschält, gekocht (nach dreißig Minuten ergibt sich selbst der verstockteste Erdapfel) und unter Beigabe von Milch, Muskat & Salz in den Mixer geräumt. Stufe drei, fertig ist der Brei!
Was?? Wie? Is doch nich mööööchlich! Das Zeug schaut uns so vorwurfsvoll an! Schlapp! Bedeppert! Zerfallen! Untergegangen wie das Römische Reich!

Jede innere Bindung fehlt. Hätten wir uns doch lieber an geschwafeltes Instantpulver gehalten! Nicht doch! Alles ist Absicht! Machen wir eben einen Longdrink draus und nuckeln ihn durch den Strohhalm. Geschlürfter Eintopf ist viel fernsehgerechter als Gips.

3 Kartoffeln mittleren Kalibers, weißer Rum
Maggi, Wuster, Tabasco, Salz
eventuell saure Sahne, Zitrone

1. Wir füllen eine halbe (Hardliner nehmen eine ganze) Tasse Havana Club oder Bacardi in den Mixer, würzen mit Maggi, Tabasco, Wuster, Zitronenspritzer und einem Teelöffel Ketchup und lassen das Gerät nochmals brüllen. Im Handumdrehen gelingt ein feuriger „Havanna Potatoe", der treue Begleiter langer, verzappter Fernsehabende! Nach Belieben mit Sodawasser oder Schampus aufgießen.

2. Nach Sendeschluß tagt das Fernsehgericht. Der Stümper plädiert auf„ Nicht ganz unschuldig" und nimmt das Urteil „Drei Tage Klosterfrau Melissengeist auf Zuckerwürfel" sofort an.

Chicken „Koma" oder Hahn à la Hahn

reicht für drei bis vier Pickel, das sind unerwünschte Mitesser

1 Grillhendl, 2 Underberch
1-2 Ramazzotti, Gammeldansk oder Meyers Bitter
1 Glas Erdnußbutter, viele Liter trockenen Weißwein
1 Glas Hühnerfond (Lacroix) oder 2 Maggiwürfel Hühnersuppe
1 Gemüsezwiebel, 2 Knoblauchzehen, etwas Butter
Curry, Sambal, Harissa oder Tabasco

1. Ab zum nächsten Schnellimbiß und ein frisches, nicht zu kleines Grillhähnchen ordern. Sofort die fettigknusprige Haut verzehren und unter Abtrinken von drei Magenbittern verdauen.

2. Entblätterten Gummiadler einpacken lassen und gestärkt den Heimweg antreten (mit nacktem Hahn).

3. Vor dem Weg in die Küche Weinkeller plündern (vorzugsweise Chablis oder bessere Lagen vom trockenen Riesling). Wein im Kühlschrank kaltstellen, Zwiebel und Knoblauch mit der üblichen Heulorgie schälen und in kleine Würfel schneiden.

4. Butter in einer großen Pfanne mit hohem Rand (die alte Emma von Silit) bei niedriger Temperatur schmelzen und Zwiebeln und Knoblauch darin dünsten.

5. Zwischenzeitlich sind drei Pickel (Mitesser) aufgetaucht, die die ersten Weinflaschen aus dem Kühlschrank entkorken. Prost! 1/4 Liter rettet der Koch fürs Essen und kippt ihn in die Pfanne zu der Zwiebel/Knoblauchpampe.

6. Fondglas öffnen oder die beiden Brühwürfel in 1/2 Liter kochendem Wasser auflösen und ebenfalls in die Pfanne kippen. (Wichtig: Der Pfannen-Inhalt darf nicht zu kochen anfangen. Herdtemperatur immer niedrig halten.)

7. Erdnußbutterglas öffnen und den Inhalt in den Zwiebel-Knoblauch-Wein-Brühe-Mischmasch einrühren, bis keine Klümpchen mehr drin rumdümpeln.

8. Mit reichlich Curry und Chilipaste namens „Sambal" (ersatzweise Tabasco oder Harissa) abschmecken.

9. Das Federvieh liegt im Koma: Die Pickel haben nämlich inzwischen das Hähnchen von den Knochen befreit, in mundgerechte Stücke zerfleddert und sich entsprechend beschwert, daß die fettigknusprige Haut schon weg ist. (Nur mit einer weiteren Flasche Wein sind die maulenden Mäuler abzustellen.)

10. Die knochenlosen Hähnchenteile landen sanft in der breiartigen Soße und werden behutsam darin erhitzt.

Zu dieser indonesischen Rarität paßt Reis (nur absolute Pfuscher laden Uncle Ben ein) und Salat (für faule Stümper: Salatbar im Supermarkt oder Plaste und Elaste-Beutel mit mundgerecht zerhäckseltem Inhalt).

Ente „Lippens“

Diese Ente ist eine schöne Gelegenheit, sich des grandiosen Fußballkünstlers Herrn Willi „Ente“ Lippens zu erinnern, dessen Finten, Tricks und Kernschüsse einst die Massen verzauberten. Sein charakteristischer Watschelgang ist dem Kenner unvergeßlich. Überliefert ist vom Meister ein Dialog mit einem spielleitenden Schwarzkittel: „Ich verwarne Ihnen“, sagte letzterer. „Ich danke Sie“, erwiderte Lappens keck und flog vom Platz. Unsere Ente „Lippens“ ist im Unterschied zur Schwalbe „Hölzenbein“ äußerst schmackhaft und lehrreich. Sie läßt sich mühelos in der Halbzeitpause eines Fußballspiels bereiten und zu Beginn des zweiten Durchgangs mit gebanntem Blick auf die Mattscheibe einvernehmen. Eine sogenannte „Länderspielkulisse“ ist der würdige Rahmen für diesen Verzehr. Eingefleischte servieren gar im Ruhr-Pott!

1 Entenbrust, LIVIO-ÖL, 2 EL Rübenkraut GRAFSCHAFTER „Goldsaft“
1 TL Ingwerpulver (gibt die seifige Richtung)
Cayenne-Pfeffer oder Tabasco, Weißwein, Sojasoße, Alufolie

1. Beim Metzger eine bereits ausgelöste Brust von der Flugente kaufen. Den schmalen Lappen zu Hause waschen und abtrocknen. Mit einem scharfen Messerchen die Hautseite kreuzweise einritzen. Würzen von beiden Seiten: Ingwerpulver, weißer Pfeffer und Salz. Dann in der Pfanne ohne Fettzugabe auf jeder Seite je 4 Minuten braten. Das geschieht nach zunächst strenger Erhitzungsphase bei mittelständiger Hitze. Wie sonst auch, sollten keine Rauchschwaden zermurksten Fetts die Nasenflügel des Stümpers indigniert kräuseln lassen. Nach dem Braten wird die Entenbrust in reichlich Alufolie verpackt. Warm stellen, mehr nicht. Der Saft verteilt sich jetzt wundersam im Fleisch.

2. Einen tüchtigen Schlag Rübenkraut (etwa 1 EL) in der Pfanne zerschmelzen und den Bratensatz abschaben, ein Schuß Wein hilft dabei. Auf kleiner Flamme durchköcheln lassen, mit einem TL bester Sojasoße aufstocken.

3. Da wir die Ente frühestens gegen 21 Uhr essen können, muß auf Beilagen verzichtet werden. Eine Scheibe kantiniger Diagonal-Toast sollte reichen.
Fans von „Rot-Weiß Essen“ (dem Stammverein des Hexers) essen dazu lieber Pommes Rot-Weiß (Ketchup/Mayo) vom Büdchen next Eck.

Glatteisbein

für mindestens zwei Stümper

Im Kriegswinter des Jahres 17/18 wurde in der Familie des Stümpers das Glatteisbein erfunden. Der Odenwälder Dorfteich war zugefroren, und als das wohlgemästete, aber noch viel zu junge Hausschwein ausbrach und auf dem Eis ausrutschte, war der Weg zum Lazarett gottlob nicht weit. Nun war ein Schwein damals eine kostbare Angelegenheit, und der junge Assistenzarzt, Feldwebel Wüstenhube, war routiniert in der Behandlung ähnlich gelagerter, wenn auch menschlicher Fälle. Kurz und gut: Das Schwein rutschte die restlichen acht Lebensjahre mit dem Hinterteil auf einem Rollwägelchen herum, und mitten im größten Hunger gab es bei Stümpers Eisbein, Glatteisbein eben.

1 gepökeltes Eisbein von einem Kilo
1 kg Sauerkraut, 1/2 Weißwein
10 Wacholderbeeren, 1 Lorbeerblatt, 1 Gewürznelke
1 kleine Zwiebel, 1/2 Möhre, 1 Bund Petersilie
50 g Schmalz (vom Wildschwein kommt's besonders gut)
250 g magerer Speck
1 Fleischbrühwürfel (die von KNORR sind so hübsch anzusehen, wenn man sie kauft), Saiz, Pfeffer

1. Der Stümper wirft die Gewürze mit Möhre, Zwiebel und Wein in seine Küchenmaschine und verquetscht alles zu einem duftenden Brei. Hut draufsetzen nicht vergessen!

2. Das Mus wird mit der Hälfte des Sauerkrauts in einen großen Topf gestopft.

3. Der Stümper bittet Allah um Vergebung und lagert das Eisbein behutsam in der Mitte des sauren Nests.

4. Das restliche Sauerkraut bedeckt festgestopft das Fleisch. Obenauf kommen der illustriertendick geschnittene Speck und das Schmalz in schmatzenden kleinen Flöckchen.

5. Der Stümper führt den Brühwürfel seiner Bestimmung zu und schüttet den Eisbeintopf damit auf. Oder er massiert 1 TL Hefeextrakt Vitam-R (vgl. „Warenkunde") ins saure Kraut.

6. Deckeldicht verschlossen, blubbert die Chose fast 2 Stunden bei 150 Grad im Ofen vor sich hin und füllt mit warmem Duft die Küche. Die Scheiben beschlagen, draußen fällt grauer Schnee, nur an die Stelle des alten Lazaretts haben sie ein hypermodernes 800-Betten-Haus gesetzt. Und die Schweine? Die fahren in elektrischen Rollstühlen und machen sich auf den Behindertenparkplätzen breit. Nur das Glatteisbein schmeckt wie eh und jemineh.

Amtsgericht

für eine Verhandlung mit vier Angeklagten

Wenn der Volksmagen gefährlich rumpelt und nach kulinarischer Selbstjustiz knurrt, kann nur ein Amtsgericht Gerechtigkeit herbeiführen. Unser Vollzug basiert auf unwiderruflichen Aussagen von Kronzeugen, die in den Schranken erster Gerichtskantinen zu Tische saßen.

Beweisaufnahme: 2 Dosen Corned beef à 340 g (vgl. Warenkunde)
50 g Schweineschmalz, 1 große Dose Sauerkraut (HENGSTENBERG!)
1 Döschen Tomatenmark, 1 Brühwürfel oder „Klarer Bratensaft" von FLEISCHER GMBH, 1 Becher saure Sahne, Schmand oder Crème fraîche
3 EL Paprikapulver edelsüß, Maggi
5 Zwiebeln, 3 Zehen Knoblauch, 1 TL Kümmel, Salz
Strafmildernde Zugabe: Becher LÜNE BEST „Joghurt mit Kirschzubereitung" oder zwei Löffel Früchtemüsli
Bemessungsgrundlage: 12 mittelgroße Kartoffeln

1. Zuerst nehmen wir uns die Zwiebeln vor: Sie werden scheibchenweise exekutiert und im Schmalz leicht angebraten. Corned beef würfeln und herzhaft mitanbraten, dabei ständig mit dem Rührlöffel auf dem Topfboden herumfuhrwerken. Das braucht exakt ungefähr 4 Minuten.

2. Paprikapulver, Tomatenmark, gepreßten Knoblauch und Kümmel zum fünfminütigen Anbrennen verurteilen. Vorsicht: Zwiebeln dürfen nicht verkohlen! Danach mit 1/2 Liter Wasser löschen, Brühwürfel hineinvollstrecken, mit Kochlöffel den Kostsatz aufstöbern. Flamme kleinstellen, Topf verdeckeln und eine Stunde im eigenen Saft schmoren lassen.

3. Jetzt ist das Fleisch geständig und kriegt Saures. Sauerkraut von der Dose direkt in den Topf. Becher Sahne zur Entlastung beibringen.

4. Früchtemüsli 10 Minuten in der Soße aufquellen lassen. Wer auf Joghurt plädiert, rührt es fix ein und erreicht einen Freispruch vom Mittagsmahl.

5. Das hohe Gericht setzt 12 geschälten und halbierten Kartoffeln eine Frist von knapp zwanzig Minuten, um über kochendem Wasser im Dämpfsieb gefügig zu werden. Unmittelbar im Anschluß tritt das ganze Unheil sofort in Kraft.

Zur Revision kann das Amtsgericht in die Gulaschsuppe „Sing-Sing" umgewandelt werden. Das Gericht verfügt sich hierzu zur Nachbesserung in den Mixer und wird unter Beigabe eines halben Liters Portwein und zwei EL Sojasoße ohne Gnade zentrifugiert. Der Delinquent röchelt nach der Prozedur noch ein halbes Stündchen vor sich hin und wird dann zur hochnotpeinlichen Einvernahme freigegeben.

Lustige Lende

Ein Wiener Professor (nein, nicht Sigmund Freud) ist zu unserer Freude mit der These: „Wein ist als Medizin durch nichts zu ersetzen" hervorgetreten. Ein trockener, hochwertiger Rebensaft müsse es sein, so der Professor weiter, von dem man sich täglich durchaus ein schlankes Bouteillchen gönnen dürfe. Nur von billigem Zeugs drohe ernste Gefahr. Nun ist es weithin üblich, zum Kochen billigen Stoff (es ist der Geiz, der stets verneint) zu genehmigen – seit da die Zirrhose droht, ist jedenfalls der Stümper bereit, einen guten Tropfen zu opfern. Dies wirkt wie Super von der Tankstelle. Das Besondere an diesem Gericht ist, daß das Fleisch nicht gebraten oder geschmort wird, sondern sanft im mit Gewürzen aromatisierten Wein gar dahinzieht.

1 Stück vom Rinderfilet resp. -lende, ca. 200-250 g
1 Fläschlein besten Rotweins (Barolo!)
Thymian, Lorbeer, Pfeffer

1. 1/2 Liter Rotwein, 1 TL Thymian, 1 Blatt Lorbeer, 5 Umdrehungen Pfeffer langsam erhitzen und 10 Minuten ganz knapp unter dem Kochpunkt ziehen lassen. Die Oberfläche des Suds zeigt nur in Zeitlupe Aufwallungen.

2. Das Filet in taschenbuchdicke Scheibchen schneiden, in die Weinsuppe geben und 8 – 10 Minuten garen lassen. Auf gar keinen Fall kochen.

Zwiebelbrei

paßt vorzüglich dazu. Zwei weiße Zwiebeln schön kleinhacken und in 1 EL Butter und 1 TL Zucker 10 Minuten weichdünsten. Die Zwiebeln dürfen nicht anbräunen, also kleine Flamme. Dann im Mixer pürieren und wieder zurück damit in den Soßentopf. Mit Salz, weißem Pfeffer und wenig Muskat würzen. Den Schneebesen packen und einen weiteren EL frischer, schöner, eiskalter Butterflöckchen unter das Püree prügeln. Die Butter soll nicht zerfließen, sondern nur das Püree statisch festigen und volumisieren. Schmeckt edel und süß, einfach und erhaben!

Rabiate Mahlzeitgenossen, die beim Filet die amerikanische Note vermissen, können es mit Ketchup elegant ruinieren. Hier sei HEINZ Hot Ketchup schärfstens empfohlen.

Misteak

5 Minuten büffeln

Stinknormale Steaks werden in schnödem Fett verbraten oder zu 10 Minuten Grill ohne Bewährung verdonnert. Misteaks sind anders. Misteaks tanzen aus der Reihe.

1 gutes, daumendickes Rumpsteak (was wir bei der Butter einsparen, können wir beim Fleischer ausgeben. Es lohnt sich!)
Olivenöl „extra vergine", Salz, Pfeffer, Zitrone

1. Die dicke eiserne Pfanne von Onkel Gustav kräftig unter Feuer nehmen.

2. Steak unter kaltem Wasser abspülen und mit Küchenhandtuch oder Klopapier trocken tupfen.

3. In einer Teetasse 2 EL Olivenöl mit Salz, Pfeffer und ein paar Spritzern Zitronensaft wild verrühren.

4. Wenn Gustav glüht, Fleisch in die Arena werfen. Auf die Uhr gucken: 60 Sekunden rösten, wenden und nochmals 60 Sekunden auszählen. Dann ist das Steak k. o.

5. Fleisch herausnehmen und auf einem Teller mit dem Teetasseninhalt begießen. Fertig. Das Steak hört jetzt auf den Namen Misteak. Eine Scheibe Schwarzbrot paßt am besten dazu. So jedenfalls hat's der City-Cowboy gern.

Stümper-Luxus-Linie: Wer ein Misteak aromatisch weiter aktivieren will, kann das mit Balsam tun. Wie der Name schon sagt, darf dafür nur ein guter „Balsamico"-Essig aus Modena verwendet werden, den Rotrauds Ex-Lover von dort mitgebracht hat. Balsamico ruft Vorstellungen herauf von kostbarem Wein aus einem versunkenen Jahrhundert, von tiefen kühlen Kellern und rotnasigen Kellergeistern, die mit dicken Lederschürzen um ihre wohlgefüllten Fässer schleichen...
Nach dem Braten stellt der Stümper das Misteak kurz warm und gießt einen Teelöffel Balsamico plus 2 EL Olivenöl in die Pfanne. Mit dem Spatel den Bratsatz darin auflösen, abschmecken und über's Fleisch gießen. Köstlich!

Weißwurst „Wiener Art"

Wiens 24. Bezirk genießt weißgott nicht den allerbesten Leumund. Gewiß das Beste, was sich von ihm sagen läßt, ist, daß die Straßen dort Namen tragen, welche in Geschichtsbüchern nicht vorkommen. In Kochbüchern dagegen schon. Kennen Sie den „Szegediner Weg", auf dessen ausgetretenen Ufern der säuerliche Dunst vergorenen Kohls im Verein mit Schmalzgeruch die Nase stört? Oder den „Kaiser-Schmarrn-Pfad"? Nein? Dann haben Sie bestimmt auch nicht von der „Gedeckten-Strudelgasse" gehört und ebenso nicht von jenem zur Avenue gestreckten Platz, der sich „Am Palatschinken" nennt.

Mein Freund Graf Sebastian Baron Peichel wohnt hier nicht. Er hat unweit vom „Grünen Veltliner-Steig" (Peichl sagt abschätzig „Glykolweg") jenes schollengeschindelte Haus Nummero 12 in der „Wiener-Art-Allee" bezogen und frönt da in beschaulicher Eingezogenheit seiner Leidenschaft, dem Kochen. Des Grafen bedingungsloses Geschenk an die Eßlust sei für zwei Personen hierher gegeben:

2 Weißwürste, von Domestiken und Pelle befreit
1 Ei, etwas Mehl, Handvoll Paniermehl
Kapern, Zitrone, Sardellenfilets, Butter und Sonnenblumenöl
Mächtig Senf, mit saurem Rahm verlängert

1. Die geschälten Würste im Mehl wenden und in verquirltem Ei ringsum benetzen. Mit Papiermehl rundum bekleben. Derweil schäumen die Fette in der Pfanne. Dort wird Gold, was Gelb, wobei wir aufpassen müssen, daß nichts schwarz wird. Also – Hitze runter, rütteln, Würste wenden, Augen offen halten!

2. Der saure Rahm wird mit einer vierzinkigen Gabel unter den Senf geschafft und klacksweis auf Teller getan. Dorthin folgten auch die Würste nach und werden mit filigran zersäbelter Zitrone, Kaper und Sardelle endschön geschminkt

Dazu trinkt der sympathische Graf einen halben Liter A&P-Korn und schaut sich hernach den Schinken „Das Schweigen der Schlemmer" im Kinderzimmer an. Lassen wir Hochwohlgeboren damit alleine.

Sekundenscholle

Tomatenhering, Ölsardine und Käptn Iglu sind des Binnendeutschen liebste Meeresfrüchte. Der Stümper teilt diese Liebe zu Fisch im Trüben nur in Maßen. Bei ihm muß es heute gut schmecken und affenschnell gehen: Von Null auf Durch in 30 Sekunden, das schafft halt nur ein Sekundenfisch. Dazu gehört zunächst ein behäbiger, Distinktion verbreitender Kartoffelsalat:

Kartoffelsalat: 4 gleich große Kartoffeln
1 kleine Zwiebel, 1 Brühwürfel, Öl, Salz, Essig, Senf
Fisch: 2 Schollenfilets
Salz, Pfeffer, Öl, etwas Sahne, etwas Mehl

1. Kartoffeln 15 Minuten abkochen. Das geht am besten im Dämpfeinsatz des Spaghettitopfes über kochendem Wasser.

2. Brühwürfel, Instant-Brühe oder Brüfel auf Gemüsebasis in einer Teetasse mit heißem Wasser auflösen, 1/2 TL Senf und 1 TL Essig dazurühren.

3. Bauarbeiterhandschuhe an, Kartoffelschale ab, Nacktlinge in Scheiben schneiden und in eine Schüssel geben. Sofort den Sud aus der Teetasse mit den Kartoffelscheiben vermengen. Zum Schluß mit wenig Öl zu Glanz verhelfen. Schnittlauch wär' jetzt nicht verkehrt, kann aber auch bis zum Servieren warten.

4. An einen kühlen Ort stellen und Fisch einkaufen gehen.

5. Pfanne mit Öl schlimm erhitzen, bis die Socke fast raucht.

6. Schollenfilets in Mehl wenden und kurz in der Sahne baden. Tiefe Teller bilden das Bassin.

7. Rein. Rum. Raus. Exakt in dreißig Sekunden n. Chr.

8. Was hört man zu Fisch? Der Stümper glaubt: „Der Watzmann ruft" von Ambros.

Deutsche Scholle auf Deutschem Watt

Prädikat: „Von der Sonne verwirrt"

Dies Gericht bringt die so mitgehende Freude an moderner Stümperkunst mit der Weihe der deutschen Scholle in Einklang. Die knackige Panade unseres heimatlichen Plattfischs soll uns und insbesondere die zu schönen Beispielen männlicher Tugend heraufreifenden Jünglinge jenes herrliche Geräusch vors Ohr rufen, welches des Landmanns Wohllaut, wenn er bei deutschem Wind & Wetter mit eherner Schar durch die treue deutsche Krume fuhrwerkt. Deutsches Watt, von den Ahnen mit eingelegter Lanze und verhängten Zügeln dem Nordmeere entwrungen, soll uns dazu ein Linsenklein ersetzen. Entbehrt unser Land bislang noch eines krachenden Nationalgerichts, ein Umstand, der den Welschen seit jeher zum Spott reizt, so mag unsre Scholle heuer dafür einstehen! Schließlich hat der Deutsche eine Schmecke, die vor nichts in der Welt zurückscheut, außer Rhabarber.

1 Scholle aus der Dreimeilenzone vor unseren Gestaden
etwas Honig aus Heimattracht (Südwest-Honig ist auch erlaubt)
1 Handvoll Paniermehl aus aufgeriebener Nationalbackkunst
oder südtiroler Maismehl
2 schwarzbraune Haselnüsse mit Edelfurnier
1 kleine Dose Tellerlinsen aus der Heeresreserve
1/2 Zitrone oder Orange vom Kap
ein wenig vom mitteldeutschen Senf
zur marinen Verschönerung WOLF „Goldfischli"
vom Kolonialwarenhändler

1. Den 3. Oktober abwarten (der südwestdeutsche Lottoblockwart wählt einen Karteitag kurz nach Annahmezustand).

2. Scholle waschen und mit Krepp trockentupfen. Dann vorsichtig mit gewärmtem Honig und 1/2 TL mitteldeutschem Senf von beiden Seiten bestreichen und im Panier- oder Maismehl seitlich panzern. Panade männlich andrücken.

3. Linsen vom Stahlmantel befreien und im Mixer (Aufrechte nennen ihn „Stahlgewitter") zu Brei niedermachen. Anschließend im Wehrmachts-Stahlhelm (NVA-Helm wird geduldet) langsam erhitzen und mit deutschem Maggi tapfer abschmecken

4. Pfanne mit Öl ins Trommelfeuer schicken. Die Fische ins spritzende Fett flutschen lassen und auf jeder Seite zwei Minuten zu Schollenbräune foltern.

5. Linsen in der Form eines Feldbetts auf dem Teller anrichten und Fisch darin biwakieren lassen. Mit den Haselnüssen Augen aufsetzen und mit Fischli umlegen. Dazu paßt ein Bembel Granatapfelwein sowie ein fränkischer „Bretterknaller".

Musikbefehl: Grönemeyer! Gesamtwerk!

Panierte Möpse auf Inga Humpes Art

2 Bratrollmöpse, 20 After Eights, Maraschino
Zitrone, Petersilie, Thymian, 1/2 Lorbeerblatt

1. Die Bratrollmöpse aus dem Glas nehmen, mit frischem Unterhemd abtupfen, mit einer Gabel vorsichtig die Zahnstocher entfernen und ausrollen. Mit Zitrone beträufeln und zugedeckt für 10 Minuten ausruhen lassen.

2. Von den gut gekühlten After Eights mit einem Präzisionslaser die Schokoladenhüllen lösen und die Minzfüllung im Soßenpfännchen langsam erhitzen. Die Minze darf ruhig ein bißchen schäumen. Mit gehackter Petersilie, dem Thymian und einigen Spritzern Maraschino unter ständigem Rühren quellen lassen.

3. Die beiden Möpse in den Minzschaum legen und im zugedeckten Töpfchen 15 Minuten mehr warmhalten denn anflammen. Der Minzschaum nimmt dabei eine gelbliche Farbe an. Heiß servieren. Dazu Frühlingsquatsch und billigen Off-Toast.

4. Als Tafelmusik kommt man an Ingas Scheibe „Planet Oz" nicht vorbei.

Labskaus a la WERNER

Bambi „Mon chéri"

für zwei Menschen

Einmal im Jahr ist der Stümper Heiligabendausrichter. Er unterzieht sich der Aufgabe souverän und verschmilzt das Reh aus des Weihnachtsmannes dichtem Tann gleich mit süßen Klebrigkeiten, die sowie auf seinen Gabentisch gehustet werden, als ob die Erfindung der Schokolade heuer Tausendjahrfeier hätte.

2 taschenbuchdicke Rehsteaks aus Keule oder Rücken
(ruhig den Metzger nerven!)
1 Packung „Mon chéri", Sahne, Gin
1 Tüte Spätzle, 1 Tütchen gehackte Mandeln
Butter, Pfeffer, Salz, Öl

1. Wasser im großen Topf zum Kochen bringen, salzen und die Spätzle hineinschütten. Eieruhr nach der auf der Packung angegebenen Kochzeit stellen.

2. 1/2 Becher Sahne im Soßenpfännchen oder im kleinen Topf vorsichtig erhitzen.

3. 1 EL Öl in der Pfanne anfeuern.

4. Die Pralinen grob hacken und in die Sahne tun. Achtung! Jetzt darf die Soße nicht mehr kochen. Also Feuer klein und rühren, was der Löffel hält. Wenn alles hübsch eingeschmolzen ist, Topf vom Feuer ruckeln. 2 EL Gin hineinrühren und im Backofen warmstellen. Den Ofen fünf Minuten volle Socke vorheizen, dann abdrehen. Danach fungiert er als Aufwärmlager.

5. Jetzt ist die Pfanne heiß, hohe Not, die Steaks hineinzulegen und je 4 Minuten auf jeder Seite zu braten.

6. Die durchgekochten Spätzle ins Sieb schütten. Abtropfen lassen.

7. Mandeln austüten.

8. Die Rehsteaks auf den Teller legen und mit der Soße übergießen. In der freigewordenen Pfanne Spätzle in wenig Butter zusammen mit den Mandeln nochmals heiß werden lassen. Zum Bambi schütten und die Kinder ins Bett bringen.

Weiße Sterne

Nach Tisch: Endgültige Ehre legt ein außergewöhnlich undurchschaubares Dessert ein. Auch hier dürfen beschauliche Weihnachtlichkeit und wagefrohes Stümpertum einander in die Quere geraten. Wir brauchen:

8 Radieschen, 1 EL Honig, Tannennadelspitzen
1 Becher saure Sahne, Schmand oder Crème fraîche
1 TL Sahne, 1 Röhre „Smarties", 2 Minzblätter

1. Radieschen auskochen (bis sie ihre Farbe vollständig an das Wasser abgegeben haben) und gerecht auf zwei Teller verteilen. Kein Mensch sieht ihnen nunmehr die Radieschen an. Dazu kommt ein großer Löffel saurer Rahm in jede Tellermitte.

2. Die frühlingszart grünen Triebspitzen vom Weihnachtsbaum zupfen (etwa 1 EL voll) und in der Pfanne mit erwärmtem Honig lackieren. Wichtig ist, daß ein klarer Honig verwendet wird. Rübenkraut tut es auch. Dann den Rahm mit den Spitzchen umgarnen.

3. Vor dem Vertilgen Smarties crashen und drüberstreuen. Minzblatt vergessen!

Stümperparole: Frohe Weihnacht and a Happy Few Years!

Mousse au Nutellà

Um Himmels willen, Besuch! Candida aus Bergisch-Gladbach mit ihrem unverfrorenen Hang zum Zuckerwerk! Doch ein Stümper zagt im Süßen nie. Fleißig arbeitet er einen satten Negerkuß unter's handwarme Nutella und tut, als ob nix wär'.

1 Glas Nutella (ersatzweise ZENTIS Nusspli)
4 frostkalte Negerküsse, ca. 100 Grad Gummibärchen
Für die Turboversion: Puddingpulver (Vanille)
1 Glas Weißwein, weißer Rum

1. 1 EL Nutella in einer Schüssel und mit einigen Spritzern kochenden Wassers sämig rühren.

2. Knallkalte Negerküsse wie ein hartes Ei schälen (die Finger in Eiswasser vorkühlen). Rinde und Boden beiseitestellen. Das Weiße des Kusses wird nun mit der Gabel vorsichtig unter das Braune gehoben. Am Ende der Prozedur sollte eine schick marmorierte Masse in der Schüssel lauern.

3. Rinde zerbröseln und drüberstreuen. Negerkußboden neckisch hineinstecken und servieren. Der Stümper spitzt die Lippen und sagt: „Muus o Nüttellah, Monscherie".

4. Sicherheitshalber Gummibärchen zur einzigen Alternative erklären. Keine Sorge, Candida wird sich zur „Mousse au Nutellà" entschließen.

5. Für die Kult-Version muß noch eine Soße gezaubert werden. Wein heiß werden lassen, vom Feuer nehmen und mit 1 TL Puddingpulver anrühren. Mit Rum verlängern, aufkochen und sofort über die Mousse kippen.

Ossi-Traum(a)

Die Banane ist von Haus aus praktisch verpackt, leicht zu entkleiden und frei von lästigen Kernen. Mit einem Wort: Die Schlauchbeere ist für den Stümper ein gefundenes Fressen.
Unverwüstlich ist Rum, wenn man ihn nicht trinkt. Bevor man sich eine Flasche davon zur ständigen Begleiterin macht, sollte man sie sich vorher genau anschauen: „Havana Club" (am besten den 6jährigen) kaufen, der ist vom in Kuba zurückgebliebenen ehemaligen Bacardi-Boß gebrannt und macht bumsfidel. Original!

Mitwirkende: 4 Bananen, 1 Flasche Schokosoße
Sprühsahne, Rum, Zucker
3 Gäste, ein Lied: „Siebzehn Mann auf des toten Mannes Kiste..."

1. Bananen affenartig enthäuten. Früchtchen mit dem Dolch aus dem Gewande längs teilen. Jeder Samurai sollte bei dieser Zeremonie vor Neid erblassen. Je zwei Bananenhälften in einen tiefen Teller legen.

2. Knapp 1/4 Liter Rum auf dem Herd die Hölle heiß machen und etwa 250 g Zucker (das ist eine kleine Packung) so lange einrühren, bis mit bloßem Auge keine Kristalle mehr sichtbar sind.

3. Den klebrigen Eintopf mit Gefühl über die Bananen glibbern und das Ganze ein bißchen auskühlen lassen. Jetzt sieht's auf demTeller aus wie in Thüringen oder im Schwarzwald 1999 (wenn alle Bäume tot sind).

4. Nicht locker lassen. Wie gesagt, der Stümper zagt im Süßen nie! „Schüttel', schüttel' und probier'! Wozu ist die Schoko hier?": Ein beschwingtes Liedchen hilft immer. Die braune Soße trieft zähig über die Bananen-Rücken. Anschließend setzt es Sprühsahne. Zum Schluß wird noch ein bißchen (oder ein bißchen mehr) „Havana Club" an jeden süßen Berg gegossen.

5. Das traumhafte Naturwunder zur Vernichtung freigeben und den Rum-Zucker-Topf sogleich mit viel Wasser füllen, sonst kriegt man die Klebe nie mehr raus!

Schale kalte Ananas

Ananaszeit ist von September bis Dezember. Aber das kümmert den Stümper kaum, denn die Ananas gehört zusammen mit Pfirsich, Aprikose und Mandarine zu den jahreszeitunabhängigen Früchten, die erst in Dosen zu wirklicher Reife und unvergeßlichem Bukett gelangen.

1 Dose Ananas, Kirschwasser, 1 Zitrone, Schampus (Pikkolo reicht)
1 Packung Löffelbiskuits (wird vom Laien „Biskawitt“ ausgesprochen)
Kaba, der Plantagentrank

1. Ananas auf dem Sieb abtropfen lassen und im Mixer vermusen. 2 Gläschen Kirschwasser mitwirbeln lassen. Ungerührt kaltstellen.

2. Nach einer Stunde die kalte Schale aus dem Kühlschrank holen und mit einem Glas Schampus aufgießen sowie mit etwas Zironensaft „anspitzen".

3. Mit kababestäubten Löffelbiskuits (zum Eintunken) servieren.

PS: Die Suppe hält sich im Kühlschrank gut und gerne einige Tage. Beim Servieren dann jeweils mit einem Schuß Schampus wieder frisch machen. Anschließend muß der Stümper sich ein wenig aufwärmen. Eine totale Marius-MüllerWesternhagen-Verschnulzung wäre angesagt. Immer wider und wärtig.

Pumpermus

Eigentlich gibt sich der Stümper ja nicht mit abgepanschten Konglomeraten ab, aber manchmal entwickelt er sie halt zufällig. Pumpermus ist unter Beobachtung begnadeter Stümper entstanden und gilt heute als gnadenloses Geradeaus-Rezept für interessierte Vielschmecker. Nur zu, Pumpermus ist weit besser, als es auf's erste klingt!

1 Packung runde Pumpernickel
1 Glas Apfelmus
1/4 süße Sahne
1 Kühlschrank

1. 10 Pumpernickel zusammen mit 5 bis 7 EL Apfelmus im Mixer verschraddeln und gleich darauf in eine Schüssel schütten.

2. Die Hälfte der Sahne mit Arm und Besen steifprügeln. Die luftige Sahne mit einer Gabel vorsichtig unter das Pumpermus heben und im Kühlschrank mindestens eine Stunde garen lassen.

Kleiner Tip am Rande: Man kann den Apfelanteil gegenüber dem Pumpernickelbodensatz erheblich, also um gute 5 EL aufstocken. Eierlikör ist die beste Soße dazu.

Armer RitterSport

3 Milchbrötchen
1Tasse Milch
2 Eier, etwas Zimt
1 EL Zucker (noch besser ungebleichter „Vollrohrzucker")
50 g Rama oder Palmin
Prischen Salz, Zimt- Zucker-Mischung
Täfelchen RITTER Sport „Trauben Nuß"

1. Milch, Eier, Zucker, Zimt und Messerspitze Salz im Mixer zentrifugieren.

2. Rinde der halbierten Brötchen auf der Käsereibe abrubbeln und die halben Brötchen im Mix-Ergebnis einweichen, bis die Flüssigkeit vollständig aufgesogen ist. Etwas ausdrücken, im verbliebenen Rindenabrieb panieren und zu Klößen formen.

3. In heißer Rama ausbacken, dabei mehrmals wenden. Na, ihr Goldigen, seid ihr fertig? fragt der Stümper nach Pfannenschluß, wendet sie dann in Zimtzucker und raspelt ein Täfelchen Ritter Sport über den Gesellen. Jetzt ist er arm dran.

Stümper-Wink: Armer Ritter kann auch salzig zubereitet werden. Dazu nimmt man statt Zucker und Zimt weißen Pfeffer, 1 halbes Döschen Tomatenmark, Tabasco und Salz und jagt mitsamt der Milch 1 bis 2 TL saure Sahne oder Schmand die Mixerwand hoch. Ausbacken wie gehabt. Frischer Schnittlauch über die Brandstellen. Oder halt Ketchup.

Frutta d'amore

Liebe ist geldintensiv, plappern die Illustrierten. Pfiffikus, Filou und Casanova versuchen, mit demonstrativer Verschwendung zu imponieren. Wie falsch! Die Früchte der Liebe können mit spärlichem Wareneinsatz gepflückt werden. Der oder die künftige Geliebte erkennt am schmalen Gericht schon pfeilgenau, daß ein so sparsamer Charakter wie der Stümper eine verläßliche Größe ist. Und wer sucht *die* nicht?

1 Apfel, 1 Salatgurke, geschält
1 Sellerieknolle, 1 Aubergine, geschält
2 Tomaten, Haut abgezogen
Saft einer einsamen Zitrone, Salz, Dill
1 Becher Joghurt, 1 EL Schlagrahm

1. Apfel und Gemüse in Würfel schneiden, mischen, mit Zitronensaft beträufeln, leicht salzen. Joghurt gut verquirlen, vorsichtig unter das Ganze gabeln. Rahm steif schlagen, Salz und feingehackten Dill unterheben und dazumischen.

2. Kerze anzünden, Vorhang zu, Herz türweit öffnen und ausschütten. Am besten wirkt jetzt Eric Claptons „You look wonderful tonight"! Fertig ist der Lack. Oder ab...

Flowers of Evil

> „Mein Herz ist wie ein Haus, vom Pöbelhauf verwüstet,
> Man schlägt sich tot darin, besäuft sich, mordet, zecht!
> Doch dich umschwimmt ein Duft, nach dem es mich gelüstet!"
>
> Charles Baudelaire

Der Stümper liebt Fauna und Flora, und seine Liebe spaziert derweil durch den Magen. Der Mai läßt den Stümper triebgesteuert durch die Straßen wanken, um seiner Angebeteten ein Sträußlein Selbstgepflücktes aus der Anlage vor die Birkenstock-Sandalen zu legen. Doch wie groß ist die Überraschung, wenn aus dem duftenden Geblühe ruckzuck ein handfester, entschieden poetischer Imbiß wird...

1 großer Strauß blühenden Holunders vom Bahndamm, 250 g Mehl, 1 Tasse Milch, Dujardin oder Asbach Uralt, Pfeffer, Salz, 1 ovales Ei, gutes Öl

1. Aus dem Mehl wird mit Milch schnell eine zähe Pampe. Der Stümper packt den Schneebesen mit eiserner Faust und rührt wie verrückt, um keine Klumpen zu haben. Psychologisch geschulte Stümper drohen Mehl und Milch unverhohlen. Wenn ihr klumpt, kommt ihr in den Mixer! Und denn ist Achterbahn!

2. Salz, Pfeffer und ein Spritzer Cognac begleiten das Ei auf dem Weg in den Brei.

3. Die Holunderblüten werden mit 10cm Stengel abgeschnitten und sorgfältig von Autoabgasen, Maikäfern, Schnecken und abgestürzten Brieftauben gereinigt.

4. Der Stümper stupst die Blüten in den Teig und tränkt sie tüchtig. Dabei hält er sie am Stiel und läßt sie ein bißchen abtropfen. Die dergestalt beteigten Teile werden mit der Dolde nach unten in der Pfanne sanft in ausreichend Butter plus Öl (obere Grenze des Öl-in Butter-Spiegels ca. 3 cm) angebraten.

5. Der Stümper trinkt seiner Angebeteten zuliebe ein Kistchen Prosecco und trällert „Sitzen unter'm Hollerbusch, holldüllereidilleröh..." Zu vorgerückter Stunde vergreift man sich am Asbach oder dem nun irgendwie unnütz gewordenen Blumenwasser.

Tiramisù al Capone

100 g Mascarpone aus dem Supermarkt
(auf's Verfalldatum achten, sonst ist glatt Butter im Topf!)
10 und mehr Löffelbiskuits, 2 Eier,
2 EL Zucker, Nescafé

1. Ei über einer Schüssel aufschlagen und Klar vom Gelb trennen. War nichts! Das zweite Ei her. Diesmal klappt's. Der Stümper gibt das Gelb in den Mixer, hinterdrein Mascarpone, Zucker und Löffelkawitts.

2. Das Eiweiß wird mit dem Schneebesen stocksteif geschlagen und ersetzt somit die Folgen des morgendlichen Joggingelends.

3. 3 gehäufte TL Nescafé in einer Moccatasse aufbrühen und ebenfalls in den Mixer schütten. Wusch! Alles hochjagen.

4. Den Mix in eine Schale geben, das Eiweiß unterheben und im Kühlschrank steif werden lassen.

Nun schon geschlagene fünf Jahre währt der Siegeszug des Tiramisù durch die westliche Welt. Überall flüstern sich schöne Menschen beim Küßchen links und Küßchen rechts die neuesten Variationen ins Ohr („Gualtieri nimmt Corned beef anstelle von Mascarpone... "). Man tut gerade so, als handelte es sich bei dieser Speise um eine ausgeklügelte Komposition, um deren stete Verfeinerung die ersten Maîtres bemüht seien. Dabei verdanken wir das Tiramisù einem unbedeutenden Mißgeschick: Kaffeekanne umgekippt, Kaffee über Frühstücksei, Zuckerdose, Kekse und Käse gelaufen, Hausfrau ruft „Huch!" und fegt das Unglück zusammen, wird vom Telefon unterbrochen, Pate Al Capone kommt, schleckt und singt: „Dies Dessert ist bezaubernd süß!" Das ist, stenogrammartig zusammengefaßt, bereits das ganze Geheimnis. Der traditionsbewußte Stümper simuliert die Ursprungsversion mit den Mitteln moderner Stümpertechnik.

Tiramisù Garibaldi

Hommage an den Erfinder des Schnellkochtopfs

250 g Kekswaffelmischung, Kakaopulver
(ein paar mit Schokoglasur sollten darunter sein)
250 g Mascarpone, 1 gehäufter EL Nescafé Gold

1. Kekse in Mixer, dazu die Hälfte des Mascarpone. Die Intervallschaltung zu Hilfe nehmen. Wenn nicht vorhanden, im gleichmäßigen Rhythmus „Schrapp Stop Schrapp Stop" und mit scharfem Blick auf die Krümelgröße das geplante Backgut zerkleinern.

2. In nicht zu hohe Schüssel geben, den restlichen, leicht mit Korbbesen angeschlagenen Mascarpone drauf, mit Nescafé bestäuben. In den Kühlschrank stellen. Aufessen.

Bombay Burning

Zubereitungszeit: 5 Minuten
Eintreffen der Feuerwehr nach einer Viertelstunde

Nur Säuglinge und Sexisten lutschen sie roh. Der Stümper hingegen umwickelt eine gebratene Banane mit einer hauchzarten Scheibe rohen Schinkens und sagt Gustav zu ihr – oder er fackelt die krummen Dinger in einem furiosen Finale von Nachtisch ab.
Außerordentlich beliebt sind Bananen nach wie vor bei Ex-Ostlern. Nach der Maueröffnung wurden Megatonnen der begehrten Musazee begeistert aufgekauft. Seitdem hält sich hartnäckig das Gerücht, der Fruchtkolbe sei vom alten Parteiapparat verboten gewesen, weil sie das Volk an all die krummen Dinger erinnert hätte, die die Regierenden so auf der Latte hatten.

Bananen satt, Butter
Racke Rauchzart oder Jack Daniels

1. Der Stümper schält Bananen mit Augenaufschlag und zwischen die Zähne geklemmter Zungenspitze.

2. Er brät die gelben Früchte schnell und zu heiß in goldig spritzender Butter knusprig braun. (Wenn die Butter raucht, alles wegschütten und nochmals von vorne.)

3. In einer Radkappe (tiefer Teller ist auch gestattet) werden die Bananen mit Racke übergossen, angezündet und mit Stichflamme serviert.

Zur Waberlohe singt der Stümperdiedritte Strophe des „Loblieds der Banane" aus Karl-Michael Bellmanns Liederzyklus „An vollen Tischen":

„Wer niemals in Bananen biß, weiß nicht, wie gut sie schmecken,
Wer ohne Beißen runterschluckt, dem bleibt's im Halse stecken."

Die Jack-Daniels-Variante (fünffache Menge, meterhohes Feuer!) wird von einem melancholischen Song des Rolling-Stones-Gitarristen Keith Richards begleitet:

„When I die I go to heaven
because I spent my time in hell!"

Lage alias Gedeck

Noch nie war die Lage so gedeckt, sagt man so. Die Lage ist gut. Sie ist für Standhafte gemacht und genauso für solche, die mal aus den Pantinen kippen wollen. Die Lage ist für alle da! Sie beginnt mit dem legendären Zuckerei von Brösel, das schlicht weggeext wird. Es folgt ein seidiger Bailey's, den der Stümper langsam in sich lorkt. Die Sahne auf dem Amaretto sackt mählich in die Tiefe des Glases, hohe Zeit, auch ihn zu schlürfen. Nunmehr kommt der Hochgenuß. Das ausgiebige Beriechen des erhitzten Cointreaus, der sich im Schwenker herrlich ballt. Wahre Stümper belassen es bei diesem Genuß und geben den leergerochenen Sud der Katze. Nun, zu guter Letzt, ist der Stümper beseligt und legt sich wie Donald Duck auf sein Sofa, um nachzudenken.

2 Eier, 1 EL Zucker
1 Becher süße Sahne
Bailey's, Amaretto, Cointreau, evendöll Underberch

1. Zwei Eigelb und Zucker mit dem Schneebesen kräftig schaumig schlagen (im sonst gern verwendeten Mixer wird es einfach nicht so schön wie handgeschlagen).

2. Bailey's in stilvolles Stielglas füllen.

3. 1/3 Becher Sahne genauso steif machen und als Haube über ein volles Schnapsglas mit heißem Amaretto setzen. Rest wegschlecken.

4. Cointreau in einen riesigen, weit gebauchten Cognacschwenker füllen und 1 Minute in der Micro wachswarm machen.

5. Neue Harte nehmen unmittelbar im Anschluß einen Underberch als Fettspalter direkt von der Nuckelflasche.

Toblerone-Fondue

für vier Süße

Ein Gastrezept aus dem „Kochbuch für Mäuse, wenn die Katze aus dem Haus ist"

2 weiße und 2 braune Toblerones, 1 Tüte Marsh Mallows oder
„Mäusespeck" (rosa und weißes Knautschzeugs)
Obstreste aus Küche und Stube (Bananen, Äpfel, Weintrauben,
Erdbeeren, Kiwis, Kirschen oder Feigen)
Kirschwasser oder weißer Rum
1 kleine Dose Ananasstückchen viele Zahnstocher
Teelichter oder halbierte Adventskerzen

1. Schokolade in den Mixer und im Sekundenschratz niedermachen. Ab in den Topf (Soßenpfännchen!) und mit einem Auge auf die Schokolade, die langsam schmelzen, aber nicht anbrennen darf, das ganze Obst zahnstocherstichgerecht zerkleinern. Mäusespeck halbieren. Dann ein, zwei Gläschen Schnaps unter die Schoko zwirbeln.

2. Sobald die Schokolade geschmolzen ist, wird sie auf ein Not-Rechaud gestellt, das wir so erbauen: Vier Teelichter (oder die halben Kerzen) auf einen kleinen Teller setzen und zwischen zwei Dosen schieben, die einen Siebuntersatz aus feinem Draht tragen. Schnell Obst und Mäusespeck aufspießen und eintauchen, was das Zeug hält.

In the Dessert

1 Päckchen DR. OETKERS „Götterspeise" mit Zitronenschmackes
1 Dose Mandarinen, 1 Glas Federweißer oder Weißwein, weißer Rum
10 Gummibärchen, Kondensmilch

1. Gummibärchen, Federweißer/Wein, Mandarinen samt Saft in den Mixer geben, ein Gläschen Rum hinterherkippen und alles gründlich emulgieren.

2. Den Sud im Töpfchen erhitzen und dann in einer Schale mit dem Götterspeisenpulver vermengen. Wir bedienen uns hierzu eines Schneebesens.

3. Den Glibber in zwei Teetassen fließen lassen. Schnell noch Kondensmilch einträufeln, bis ein schöner Marmorierungseffekt erreicht ist. Im Kühlschrank erstarren lassen.

4. Edle Einfalt. Stille Größe. Wackelt nur ein bißchen.

Rotkäppchen und der Kammerbär

Eine deutsch-französische Co-Produktion zur Abwehr körperlicher und geistiger Schäden beim Genuß von Hochburgundern und minderen Leberknallern aller Art.

1 Camembert „Rotkäppchen"
1 französischer Camembert (höchste Fettstufe)
1 mittelgroße Zwiebel
2 EL saure Sahne oder Schmand, 1/4 Butter
Paprika edelsüß, Pfeffer, Salz
Bauernbrot

1. Camemberts aus dem Karton befreien und im Papier über Nacht auf der Heizung nachreifen lassen.

2. Am nächsten Tag Zwiebeln zerstören, in eine Tasse schütten und gut einsalzen. Wenn sie anfangen, diskret Schleim abzusondern, geht's weiter mit:

3. Camemberts kleinzupfen und im Mixer mitsamt der Butter bei Stufe 1 grob zerschraddeln. Nur kurz, bitte schön.

4. Die klebrige Masse in eine Schüssel schaffen, die Zwiebeln und zwei EL saure Sahne mit einer Gabel unterpflügen. Pfeffern und salzen. Schön glattstreichen und dicht mit Paprika bepudern.

5. Auf Bauernbrot essen zusammen mit einem trockenen Wein oder aber einem hell fließenden Portugieser Weißherbst.

Knoblauch

Vor dem Knoblauch zieht der Stümper seinen Hut. Knoblauch ist bodenständig und himmlisch zugleich. Knoblauch ist fein. Und Knoblauch ist hart. Knoblauch ist Musik. Käse, Wein, Knoblauch, das ist ein Dreiklang. Knoblauch ist ein Allheilmittel, das wußten schon die alten Friesen. Nur Knoblauch und Liebe scheinen unvereinbar (Ausnahme: die Liebe zum Knoblauch). An dieser Stelle berichtigt der Stümper sehr ungern den geschätzten Wolfram Siebeck, welcher zum Thema notierte: „Kein Dracula wird Euch bedrohen, und Eure Liebste keinem anderen Mann gehören." Ein „k" zuviel ist wohl in Siebecks Satz geraten. Hören wir dazu Victor Hehn in seinem großartigen Buch „Kulturpflanzen und Hausthiere" (Berlin, 1877): „Wir erinnern nur an die köstliche Scene im Don Quixote, wo der edle Ritter an der Heerstraße eine Bäuerin heranreiten sieht, sie für die schöne Dulcinea hält, in seiner Liebeshuldigung aber durch den stechenden Knoblauchgenuß, der von dem vermeintlichen Edelfräulein ausgeht, etwas gestört wird und den unglücklichen Umstand durch die Tücke der Zauberer erklärt, die ihn schon so lange verfolgen und nun auch den süßesten, lange ersehnten Moment seines Lebens durch solches Mißgeschick verderben."
Ohne Frage nimmt der Stümper ihn gern in gründlichen Dosen zu sich. In der Stümper-Versuchskaninchenküche (keine Angst, ihr feigen Hasen, das Kaninchen bin ich) hat sich das nachfolgende Rezept herausdestilliert:

1 Flasche Wodka GORBATSCHOW oder
1 Flasche Céleri d'Alsace (von Théo Preiss, Mittelwihr)
5 Knollen Knoblauch

1. Wodka abschraubdeckeln und zu einem guten Drittel persönlich kippen.

2. Beschwingt Knoblauch schälen und grob würfeln. Der Stümper legt seine große schwere Klinge flach auf jede Zehe und drückt vorsichtig an, bis die Pelle sich etwas ablöst. Dann mit dem Messerchen entkleiden. So ist Schälen keine Verzweiflungstat. Am

Ende der Schnippelorgie alle Knoblauchwürfelchen in die Flasche praktizieren und vier Wochen beiseite stellen.

3. Danach ist diese erstklassige Medizin zu durchdringender Güte gereift und wird dann und wann vom Teelöffel gesogen. Beim Kochen bringt der Feingeist Stammwürze in Suppe und Soße. Unerschrockene und geübte Hypochonder verschlucken zur Kreislaufstabilisierung grobgewürfelte Zehen mit Rotwein ohne zu Kauen. Das törnt voll an.

Stümpers Warenkunde

Ganze Mittagspausen verbringt der Stümper vor dem Suppenregal des heimischen Supermarktes: Eine Welt gemüsiger und fleischiger Flüssigkeiten tut sich auf, Erbswürste und pürierte Tomaten buhlen um seine Gunst, und von ganz oben winkt mit großer Geste ein Hummerschwanz aus der Dose. Aber auch bei anderen Artikeln des täglichen Bedarfs stellen sich leidige Fragen: Gefroren oder nicht gefroren? Frisch oder abgedankt? Tomaten, Gurken, Kakao: Instant oder Holland? Oder beides zugleich? Schwein oder nicht Schwein? Das ist hier die Frage. Geben wir es ruhig zu, der moderne Einkauf ist beherrscht von einem Wirrwarr widerstreitender Wünsche und Witze. Orientierungshilfe tut not! Unser Warenglossar spürt manche geheimen Verführer der Lebensmittelbranche mit Mitteln der stümperischen Gerichtsmedizin auf. Er unterzieht eine Phalanx aus Markenartikel und kulinare Unverzichtbarkeiten einem gnadenlosen Verzehr. Daß in der folgenden Liste aus Raumgründen nicht alle gestandenen Klassiker beziehungsweise bewährten Eßscherze der Branche, wie Gummibärchen, Salzstangen, Storck Karamel-Riesen, Dr. Oetkers Käsekuchen-Hilfe, Götterspeise alias Wackelpeter, Lakritzschnecken, Lufthansa-Cocktail, Kaba, Chio Chips, Spargel-Drops („Spargel Dich fit!"), Wolf Goldfischli, Ravioli, Roth Händle, Klosterfrau-Melissengeist oder Eismoritze zum Zuge kommen konnten, dafür bittet der Autor Konsumenten und Hersteller submissest um Nachsicht. Obwohl praktisch faktisch heute jeder jeden irgendwie sponsert, ist die folgende Auswahl strikt ohne jegliche Gelder oder anders geartete Unterstützung von Herstellern ausgewählt, angekauft und verkostet worden. Sämtliche Diagnosen wurden im selbstlosen Selbstversuch erstellt, sind bemüht um eine nachvollziehbare und gerechte Wertung, jedoch auch erkennbar subjektiv: alles in allem eine unentbehrliche Kaufhilfe für Unbeleckte.

Alete Kinderteller „KinderSpaghetti in Sauce Bolognese" (Schraubglas 300 g). Die Firma Nestlé sorgt dafür, daß Mami kein schlechtes Gewissen haben muß, wenn zwischen Büroschluß und Haushaltsstreß zum richtigen Kochen keine Zeit bleibt. Das Kind kriegt ein Döschen, schlingt das Zeug runter, macht sein Bäuerchen und schläft fix und fertig ein. Die ordentliche Prise Zucker sorgt dafür, daß der Appetit da ist, die Karotten geben diese gesunde Gesichtsfarbe. Singles prefer Hipp!

Armour Prime Quality „Corned beef" (Blechkubus 340 g). **Vizental** (Blechkubus 340 g, aus Argentinien. Etwas andere Kochmethode beschert geschmeidigeres Beef. Bewährt in knallharten Eintopforgien!) **Hawabeefland „Corned beef"** (Blechkubus 340 g). Trockenes, faseriges Fleisch in Sülzhülle, Nitritpökelsalz und Zucker dafür werden die brasilianischen Urwälder weggeklappt. Hunderttausende hitzegeplagter Rinder werden gepökelt und eingedost und all das unter den staunenden Augen des Präsidenten: „Packed under Brazilian Government inspection". Nur mit der Methode des bekannten Filmproduzenten Bernd Eichinger kommt der Stümper dem fahlen Preßfleisch bei: Beef in fingerdicke Scheiben schneiden und ohne Fett in heißer, schwerer Gußpfanne gründlich anbrennen. Wenn sich eine bräunliche Kruste auf beiden Seiten gebildet hat (dauert ca. 1 Minute auf jeder Seite), auf einen Toast legen und runterwürgen. Der Geschmack ist verblüffend steakig und voll. Ois paleddi? Scho guat, scho guat! Beinharten Rock'n Roll dazu! Eignet sich gut als improvisiertes Mitternachtsmahl.

Bahlsen „ABC Russisch Brot" (Tüte 100 g). Bahlsen bildet: Die knusprige Alphabetisierungskampagne aus der Tüte. Einsteiger legen Worte in der Muttersprache, Fortgeschrittene in Fremdsprachen, bevor sie die Dinger wegputzen und das Gelernte wieder verschwitzen. Ein Tip: Stümper werfen ein paar stumme Konsonanten zur Bratensoße. Das „Brot" zerfällt allmählich und gibt der Soße weihnachtlichwürzigsüße Bindung.

Balm „Rindfleisch im eigenen Saft" (Dose unetikettiert 400 g). Erstklassige Bunkerware, handverlesen von der „Bundesanstalt für landwirtschaftliche Marktordnung". Der 92erJahrgang verblüfft durch eine etwas vordergründige Spritzigkeit, einen gehaltvollen Körper und eine bei Zimmertemperatur fast aufdringliche Erdnote. Die trockene, grundsolide Konservensorte ist ein profunder Begleiter zu Wein, Bier oder etwas Tomatigem (bzw. Sangrita).

Biolabor „Multivitamin" (2x10 Brausetabletten in Kunststoffröhrchen, 90 g). Die sprudelnde Zuckertablette erinnert zunächst an die frischtümelnde Dynamik von Gebißreiniger-Reklame. Aber halt, wir dienen der Gesundheit: Neun lebenswichtige Vitamine setzen uns zu. Das ist doch wirklich praktischer, als einen klobigen Apfel zu knabbern. Mit normalen Brausen hält das Endergebnis nicht Schritt – aber das Hirn trinkt halt manchmal mit.

Birkel Minuto „Menü Bologneser Art mit Rindfleisch" (Plastikbecher 56 g, Rindfleischeinwaage 1,5 g). Die umfangreiche Banderolenbeschriftung verspricht ein „vollkommenes Geschmackserlebnis". Frappierender als der dicke Brei, der aus fischfutterartigen Trockenzutaten entsteht, ist der unverfrorene Gebrauch des Begriffs „umweltfreundlich" für die aufwendige Alu/Kunststoffverpackung. Und worauf selbst Waschmittel längst verzichtet, ist hier noch eine der „hochwertigen, ausgewählten Zutaten": Phosphat nämlich. Da tröstet nur die erotische Zubereitungsvorschrift (Deckel halb auf, schnell wieder zu und nach 5 Minuten Vorspiel mit einem Ruck aufreißen. Klasse!).

Caro Kaffesurrogatenextrakt (Schraubglas 125 g; Dose 200 g). Ein echtes Relikt aus den Kindertagen der Republik (West), als niemand mehr Malz oder Zichorienkaffee mochte und die Unifranck dem bräunlichen Pulver ein modernes Outfit verpaßte. Wer auf den kleinlichen Vergleich mit echtem Kaffee verzichtet, freut sich über das bitterwürzige Warmgetränk, dessen chemiefreie Zutaten wahrhaft zeitlos anmuten. Echte Carofreaks allerdings haben dem Hersteller nie verziehen, daß neben dem Originalprodukt auch noch Schraubgläser mit einer schnellöslichen Nachahmung des Wunderpulvers im Handel sind: Caro ist wirklich gut nur in der schenkelstarken Blechpappenröhre!

Cenovis „Bierhefe Extrakt" und Vitam-R „Hefe Extrakt" (Gläser zu je 220 g). Zwei salzige nutellaartige Pasten gehören in jeder Stümperhitparade auf einen der vorderen Plätze. Zusammen mit reichlich zimmerwarmer Butter auf Brot oder Knäcke ausgestrichen, sind sie ein Hochgenuß und so appetitanregend, daß man nicht aufhören kann mit dem Reinstopfen. Des weiteren dienen sie zur Würzung von Suppen, Eintöpfen und dunklen Soßen. Ein Universalmittel halt. Was der Stümper letztlich vorzieht, die schwarzbraun schimmernde Cenovis-Bierhefe oder den honigtransparenten Vitamglibber, wird sehr früh im Leben entschieden: in der Kindheit. Wer's da nicht lieben gelernt hat, liebt es nirgends und nie.

Cenovis „Gelbe Erbsensuppe" (Tüte für 1 Liter). Die in Reformhäusern vertriebene Suppenschiene beweist, daß man mit wenigen ausgesuchten Zutaten schöne Suppen machen kann: Gelberbsmehl, Meersalz, ungehärtetem pflanzlichen Öl, Hefeextrakt, Zwiebeln, Knoblauch, Sellerie, Gewürzen. Also ohne Emulgatoren, die zusammenhalten müssen, was nicht zusammen will. Keine Geschmacksverstärker, keine Säuerungsmittel etc. Cenovissuppen ermöglichen verläßliche Geradeausküche mit eindeutigem Geschmack. Mit der **Cenovis „Kartoffelsuppe"**, von einem Döschen Islandkrabben köstlich bekrönt, weht sogar ein Hauch von Luxus in der Stümperhütte! Leider fällt demgegenüber die mehlige **„Tomatensuppe"** des gleichen Hauses deutlich ab.

Dosentomaten sind ein weites Feld und als Bestandteil vieler schöner Speisen einfach unentbehrlich. Die roten Kugeln sollte man nicht unterschätzen; gerade einfache, gute und beliebte Gerichte, allen voran die Tomatensoße, stehen und fallen mit der Tomatenqualität. Umso bedauerlicher ist es, daß der Markt kaum akzeptable Ware feilhält; nur zu viele Dosen sind ein geschmacklicher Grundkurs in Heavy Metal und kommen für den Stümper nur im äußersten Notfall in Betracht. Ihm gelten letzthinnig nur die echten Pomodori aus San Marzano, die zu Füßen des Vesuv auf Vulkanerde zu tiefdunkler Röte reifen und in nullkommanix nach Norden geschafft werden. Die meisten werden zum Glück erst vollreif geerntet, schonend gehäutet und auf Dosen gezogen. Grandioses Aroma vom Vesuv besitzt z.B. die **Marca Vitale „Pomodori pelati"** (Dose 800 g), leider bei uns selten zu haben. Als geschmacklich vertretbare Alternativen bieten sich **Sonnen Bassermann „Tomaten, ganze Frucht, geschält, im eigenen Saft/San Marzano-**

Qualität“ (also nicht aus San Marzano – aber listig wird der Anschein erweckt!) oder die etwas wuchtigeren sardinischen Nachtschatter der Firma **Casar „Pomodori Pelati“** (Dose 480 g) an.

Erasco Klasse Tasse „Erbseneintopf“ (Plastikbecher 290 g). **Sonnen Bassermann „Kartoffelsuppentopf“** (Plastikbecher 280 ml). Trotz der gutgemeinten Abrüstungsvorschläge der letzten zentralen Suppenkonferenz (ZSK) in Saitling: Auf dem Mikrowellensektor tobt der Vernichtungskrieg. Erasco erwärmt in 3 Minuten ein Sperrfeuer aus Bockwurstscheiben und Rauchspeck; Sonnen Bassermann kontert mit einer Kartoffeloffensive am Schweinebauch. Daß dabei Zutaten wie Spinatpulver und Kondensmilch zum Einsatz kommen, ist ein Fall für die Genfer Konventionskommissare. Leidtragende sind wie immer unbeteiligte Zivilisten, die gute Tellermine zum bösen Spiel machen. Oder sie landen doch wieder im Currywurstlazarett oder der Mayoklinik nebenan.

Eszet „Schnitten“ (Pappschachtel mit 8 Täfelchen, 75 g). Die feingeriffelten, an den Ecken gerundeten Scheibchen wecken wehmütig die Erinnerung. Seltsam angestaubt, alleinegelassen, wie aus früher Kindheit unversehens wiedergekehrt. Während du zwei Scheibletten zwischen helles Brot klemmst, fällt dein Blick auf das rührend linkische Packungsfoto. Die Zeit steht stille. Du lächelst lind. Eine Träne rollt dir über die Wange, und dann beißt du tüchtig zu. ß: Brotbelag, sentimental wie lange nicht mehr.

Frigeo's „Ahojbrause“ (Brausetütchen ohne Gewichts und Haltbarkeitsangabe). Früher gab's die bunten Tüten einzeln im Lebensmittelgeschäft unseres Vertrauens, also im Zweifelsfall der einzigen Edekafiliale, die in der großen Pause gefahrlos erreicht werden konnte. Heute muß man schon einen Fünferpack für den prickeligen, restlos künstlichen Brausegeschmack erstehen. Drogenfreaks und Allergiker sprechen den verwendeten Farbstoffen von Chinolin bis Cochenillerot A allerhand sagenhafte Wirkung zu. Der Stümper hält E 104, 110, 124, 131 und 132 immer noch für gesünder als dieselbe Menge Eierlikör. Orangen und Zitronengeschmack sind passabel. Waldmeister ist superb. Zwei Tüten pro Becher: Ein Sturm im Wasserglas! Nur echt mit dem kleinen Matrosen Marke Panzerkreuzer Potemkin. Vollignoranten füllen Ahoj in billigen Weißwein und servieren ungeniert Schampus.

Gervais Fruchtzwerge „Frischkäsezubereitung, weitere Zutaten: Fruchtzubereitung, Zucker, Traubenzucker, Fruchtzucker“ (Plastikbecher-Sixpack 300 g). „Ich mag Fruchtzwerge gerne. Weil, die Banane, die lacht so, und das da ist eine Erdbeere, die hat so eine rote Mütze auf. Wenn du den gelben Becher nimmst, will ich die zwei roten. Mami freut sich, wenn wir nicht soviel Süßigkeiten essen. Da ist viel Obst drin, das lacht."

Guiness (Flasche 33cl). Geschmack: Geschmorte Lakritze mit brackigem Bruchtee und Gauloises vergoren. Schaum: Stahlwolle. Guiness: Keinem schmeckt das sandige Gebräu, aber keiner mag es zugeben.

Hasel Nougat-Creme von granoVita (Schraubglas 400 g, „exklusiv Neuform"). Der engste Konkurrent des „Nougatkrempflanzenfettaufstrichs" – man weiß selbst im Direktvergleich nicht, was wirklich besser ist. granoVita ist sortentypisch reintönig haselnussig, dazu besonders kakaodunkel verschattet, besticht mit ausdrucksstarker Aromatik und verunsichert mit leicht klebrigem Abgang. Mit Schwarz oder Vollkornbrot harmoniert der granatenstarke Haselduft vortrefflich.

Heinz „Baked Beans" (Dose 400 ml). Diese Bohnen unterscheiden sich von der Konkurrenz durch das gewisse etwas mehr an Sämigkeit und milder Süße. Zusammen mit Perlzwiebeln in die Pfanne und nachher auf den Toast. Mhm! Alles andere ist plötzlich Gaumenwischerei.

Heinz „Tomato Ketchup" (Flasche 750 ml). Früher wurden Kinder vorm Fernseher mit dem Stereotyp „Das ist kein Blut, das ist nur Ketchup!" getröstet. Heute wissen wir, daß von „nur" keine Rede sein kann. Schon gar nicht, wenn es um den Urvater des Ketchups überhaupt geht. 1869 braute Heinz J. Heinz in den USA den tomatösen Urbrei und trat dabei eine Fastfoodlawine los, die noch heute manchen Küchenehrgeiz brachial zunichte macht. Der süßsalzige Vorschlaghammer läßt anderen Geschmack gar nicht erst aufkommen. Selbstgemachte Nudeln, teurer italienischer Käse, feinstes Schabefleisch: Den Seinen ist alles Heinz.

Hela „Curry Gewürz Ketchup een kruiden topkwaliteit" (Gummiflasche 800 ml). The real stunt! Nicht nur Autoaggressive und Neue Harte haben ihren Spaß an der roten Flasche mit postmoderner Ornamentik und einem Kranz feinster Gewürze. Auch der Stümper bringt die knallrote, glucose Zähflüssigkeit mit durchschlagender Chuzpe zum Einsatz... mit einem festen Druck beider Hände und einem Neider im Visier. Flutsch! Schlupp! Spratz! Platsch! Reichweite ca. 5 Meter. Im Ernst, zu Pommes, Bratkartoffeln und Rührei ist Hela die willkommene Heinz-Abwechslung.

Jürgen Langbein „Knoblauch-Rahm-Suppe mit Fleischklößchen und Schnittlauch" (Konservendose 400 g). Man kann nicht klagen, das Mehlrahmzeugs hat durchdringenden Geschmack. Wie könnte es auch anders sein bei der zugrunde liegenden Heilknolle? Dennoch nicht als Vollsuppe ernst zu nehmen, dafür als praktische Gulaschsuppenaufstockung. Oder gemixt mit **Knorr „Gebundene Ochsenschwanzsuppe"**. Auch in Verbindung mit Erbsensuppen entfaltet sich der rein dienende Charakter des Fertigteils aufs Heftigste. Langbein zur Verlängerung – wie der Name schon sagt.

Kikkoman „Sojasauce" (Flasche 140 ml). Aus der kleinen Flasche steigt ein Duft wie vor einem sommerlichen Nachmittagsgewitter, wenn der Oleander tränenschwer den Kopf hängen läßt und ein paar eilige Schwäne vor den finster aufgetürmten Wolkenbergen einen letzten Tanz tanzen. Grillen zirpen, schwüle Luft lastet über den Rabatten. Noch schweigt der Weiher, aber gleich wird eine jähe Böe seinen Spiegel kräuseln. Bleich liegt der rohe Fisch auf meinem Teller, schon tränkt die Sauce satt den wunderwilden Reis. Verfeinerung noch möglich? Ja, **Nakamura Ohsawa „Echtes Tamari"** (Glasflasche 0,5 l) führt mit phantastischem Aroma auf den Weg des Weisen. „Sojabohne ist die Mutter der zehntausend Dinge", lehrt Soja Tse.

Knorr Erbswurst grün „mit Räucherspeck" (eine Stange ohne Gewichtsangabe, ergibt 1 Liter = 6 Teller). Geradezu bescheiden mutet diese geniale Stange Suppe an. Kein Goldetikett, kein Hinweis auf die umweltfreundliche Verpackung oder die natürlichen Zutaten. In heißem Wasser aufgelöst, kann sich die grüne Masse durchaus mit den Kollegen aus Tüten und Dosen messen, auch wenn die extrem glatte Konsistenz und das Fehlen jeder Fleischeinlage unwillkürlich zum Strohhalm greifen lassen. Erbswurst darf auf keinen Fall verfeinert werden, sie muß unbedingt naturbelassen bleiben. Nadelstreifenmönche haben oft nichts als diese Erbsstange im Gepäck und meditieren auf hohen Wirtschaftsgipfeln über dem grünlichwarmen Wasser, während ringsum die Materie, die Welt, die Leidenschaften und Irrtümer in klammen Rauch zerfallen. Nur das Erbsenzählen bleibt, was es ist. Dieses frühe Nahrungsmittelkonzentrat wurde wegen seiner Blähungen verursachenden Wirkung nicht zur Raumfahrt zugelassen. Experten der NASA mußten zu Recht befürchten, daß sich stinkende Bläschen auf ewige Zeit im All halten könnten. Die praktischen Kompretten können von neckischen Stümpern auch zur Suppentäuschung eingesetzt werden: Man gibt beispielsweise einer Kartoffelsuppe auf dem Herd krümelweise Erbswurst zu, verdünnt mit zwei Tassen Wasser und läßt die nun zum Eintopf promovierte Suppe ein Weilchen auf kleiner Flamme vorsichtig quellen. In gleicher Weise kann man etwa einer Spargelsuppe von Knorr eine irritierend andere Richtung geben. Endharte Erbsler lecken Erbswurst wie Brausewürfel.

Knorr „Feinschmecker Zucchinicremesuppe" mit feinen Zucchinischeiben (2 Teller, ohne Gewichtsangabe). Der feine Suppenstaub (Hatschi! Gesundheit!) wird fix in kaltem Wasser verteilt und aufgekocht. In knapper Zeit lauert eine hellgrüne Masse im Topf und wartet auf Verzehr. So weit, so schnell. Eh man's vergißt, der durchs lindbunte Paradefoto avisierte Sutschinigeschmack (oder heißt es doch Zuckini?) tritt bis zum letzten Löffel konsequent nicht ein – ein absolutes Muß für Zucchinifeinde und wieder eine volle Tüte Paradekomik in der Stümperküche. Grundlos empfohlen.

Knorr „Tomatencremesuppe" (Konservendose 0,65 l). Knorr, Altmeister des Küchenhorrorfilms, inszeniert mit der unscheinbaren Dose ein wahres Splattermovie des üblen Geschmacks. Hinter dem sinistren Trailer verbirgt sich ein Plot, geleeartig und kompakt. Mit zunehmender Hitze kommen die Dinge in Gang, zähflüssig zunächst, dann dünner, hitziger, gefährlicher. Blasen steigen auf. Schon wirft der rote Sud bedrohlich platzende Pusteln. Brandgeruch macht die Nachbarn hungrig, das Grauen wallt heran. In spratzelnden und spotzenden Eruptionen fliegt das rote Gelee durch die Küche. Klebrige Striemen peitschen den Küchenfußboden. Die Lampe schaukelt naß. Auf der Rauhfasertapete steht es wie mit blutigen Händen geschrieben: Serviervorschlag.

Knorr „Tomato al gusto mit Kräutern" (Combibloc 370 g). **Delizia „Passato di pomodoro"** (Tetrapak 500 g). Den Verpackungskünstlern an der Spaghettifront ist die Quadratur des Kreises gelungen: Die viereckige Tomate hält Einzug in deutsche Küchen. In kompakten Pappschachteln bietet Knorr gestückelte Tomaten mit unterschiedlichen Zutaten an. Normspaghetti 1 bis 4 als selffulfilling Rezeptprognose. Demnächst gibt's dann donnerstags immer „Spaghetti Gelbe Schachtel", freitags „Spaghetti Rote Schachtel". Wie praktisch! Mehr Eigeninitiative verlangt das italienische Konkurrenzprodukt denn da ist Tomate drin und sonst gar nichts.
Für die meisten Nudelrezepte gilt schließlich: Passierte Tomate kann schon mal durchgehn, hollandfrische schmecken heutzutage auch nicht mehr anders, und die Kunst liegt letztlich in der Würze. Daß Delizia uns die nicht schon mit in die Schachtel tut, ist ein humanitärer Akt zur Selbstentfaltung des Einzelnen und glattweg nobelpreiswert. Vgl. oben Dosentomaten.

Kölln Flocken „Vollkornhaferflocken" (Tüte 500 g). Die blütenzarte Flockentüte ist ein Fels in der Brandung neuen Eßguts oder Unguts. Wogende Haferfelder, frische Landluft, rahmige Milch und vor allem gesunde, rotwangige Zöglinge, blond und blauäugig wie die Frau des Landmanns: der Heimatfilm unter den Getreideprodukten. Die blausilberne Transparenttüte mutet geradezu katholisch an: Lobet den Herren, den mächtigen König der Frühstücksmüslis. Und Großväterchen sammelte schon die Bilderpunkte für seine Enkelkinder, lang ehe der erste Ökofreak das trübe Licht der Welt erblickte. Haferflocken, die meisten sind froh, daß sie das hinter sich haben. Als Kind, ja, da hat man mit voller Überzeugung und Begeisterung genug davon gegessen. Pseudosanfte Menschenwesen und selbstgerechte Leisetreter verspüren heutigentags den Wunsch, die Unschuld der Kindheit mit zarten Flocken wiederzugewinnen. Sie verlangt's nach der besseren Welt auf dem Frühstücksteller. Aber das Leben ist anders. Brot mit harter Rinde ist es, offenes Feuer... ein wahrhaft philosophisches Thema.

Lacroix „Charolais Rindermark-Consommé" (Dose 407 g). Dunkel wie Tee, voller Gemüseschnipsel, cornedbeefartig im Geschmack. Träges Restfleisch dümpelt hinter der Dosenwand. Draußen strahlt in schimmerndem Golde: „Pour Gourmets". „Poor Gourmets", möchte man meinen.

Liebig „Fleisch Extrakt" (Schraubgläschen 100 g). Die Unterbringung eines Rinds auf engstem Raum. Die schwarze, zähe Krem wird aus 3 Kilo Rind gezogen; zwei Messerspitzen davon geben Fleischsoßen, Gulasch und Ochsenschwanzsuppen Volumen, Kraft und Gewalt. Seit 1865 ein Geheimtip zur Vortäuschung von echter Bratenkunst! Die nichtvegetarische Variante zum Bierhefe-Extrakt (s.o.).

Luvos „Heilerde ultra, Pulver zum Einnehmen" (Originalpackung 480 g, haltbar bis ans Ende aller Tage). Naturreiner Löß für den verunreinigten bzw. verunsicherten Magen-Darm-Trakt. Entgiftet und schmirgelt innerlich. Die anthroposophische Alternative zum Magenbitter. Hilft aber nur, wenn man dran glaubt.

Maggi Fünf Minuten Terrine „Nudeln in Tomatensoße" (Plastikbecher 53 g). Die Abschreckreklame, in der ein Woody-Allen-Surrogat verzweifelt am Deckelboden sägt, kann dem Umsatz der klappernden Instantschachtel nur geschadet haben. Der Inhalt, mit kochendem Wasser aufgegossen, erfüllt alle Erwartungen. Echte Feinschmecker beherzigen insbesondere Punkt 2 der Brauanleitung: „Sofort gründlich umrühren." Da schwappt das Zeug nämlich, gottlob, auf den Boden. Einmal aufwischen, fertig. Spart Zeit und ist gesund!

Maggi Meisterklasse, „Curryrahmsauce mit Früchten" (Tüte 30 g). Mit „Curry, Sahne und exotischen Früchten in reizvollem Kontrast" lockt ein geles Pulver, das im Topfe gequollen zum Fleisch und Fischverstecken gedacht ist. Ein gewisser muffiger Grundton, erweitert von subtil bananiger (bananesker?) Restsüße und körperreicher Pappigkeit, bildet allerdings keinen „reizvollen Kontrast" zum Hungern. Da scheint die gesamte Meisterklasse heuer sitzengeblieben zu sein! Kein Vergleich zur legendären Currysuppe des gleichen Hauses, die der Zensur zum Opfer fiel!

Maggi Meisterklasse „Tomatensuppe Gärtnerinnen Art" (Tüte ohne Gewichtsangabe). Eine stramme Viertelstunde muß das amorphe Pülverchen gekocht werden, bis sich die Meisterklasse mit „unter südlicher Sonne gereiften Tomaten" duftend entfaltet: wenn überhaupt. Da gibt es mittlerweile schnellere Wege zum Selbstbetrug. Trotzdem lohnt der Kauf unbedingt: Was auf dem Titelbild so rückenwindend durch den Suppenteller nudelt, kann nur Maggi, das Ungeheuer von Loch Koch, sein. Gleich wird es den struppigen Kopf aus der heißen Tunke heben und angewidert rülpsen.

Maggi Suppendrink „Tomatensuppe" (Schachtel mit 4 Beuteln, ohne Gewichtsangabe). „Die heiße Idee für den kleinen Appetit": 13 verschiedene Trinksuppenpülverchen warten begierig darauf, ihren Aggregatzustand wechseln zu dürfen. Hinten auf der Schachtel sehen wir auch gleich, wie die lächelnden Menschen aussehen, die so ein Zeug trinken – und zwar bevor sie es getrunken haben.

Maggi „Würze" (Flasche 250 g). Um die im Volke „Maria Hilf" genannte Liebstöckellake ranken sich die wildesten Gerüchte. Der Name soll sich – perfid verrätselt durch den Austausch eines Buchstabens – von dunkler Magie herleiten, die Sauce zuerst feierlicher Gralstrunk okkulter Orgien gewesen sein. Da könnte was dran sein, denn der Ruch „wundersamer Würckung" hat sich bis auf den heutigen Tag hartnäckig gehalten: Führerscheininhaber nehmen anstelle von Nüchternheit ein paar Spritzer als Fahnenkiller auf die Zunge und schmirgeln furchtlos in die nächste Mausefalle, Powerfrühstücker duschen das gepellte Ei mit Maggi, bis es wieder aussieht wie in Schale. Dem Zeugs rettungslos Verfallene lecken es eine halbe Stunde vor jeder Mahlzeit pur aus der hohlen Hand. Gourmets nehmen einige Tropfen auf einer Scheibe Kaviarbaguette und spreizen den kleinen Finger ab. Als „Mary Help" international. Ganz maggisch kann einem von dem Zeugs werden.

Mauterer „Nougatkrem-Pflanzenfett-Aufstrich mit fein zerriebenen Sojakernen, ein Sondererzeugnis vom Schwarzwaldwerk Mauterer" (schicke pinkmetallic Blechdose 200 g, nur im Reformhaus). Der geheime Verführer im Schokoschmalzbereich. Verhaltener Nußton, zurückhaltender Kakao und die Raffinesse der echten Bourbonvanille geben der sämigen Creme fast unverbindliche Leichtigkeit ohne lästige Gaumenverklebung. Die hellbraune Masse ist aus überschaubar gesunden Bestandteilen, angenehm streichfähig (Tip in der Klammer: Kommt besonders gut auf Wasa-Sesam-Knäcke!) und mäßig gezuckert.

Nestlé „Milchmädchen" (Tube 170 g). Die Liebhaber des verschärften H-Milchbeigeschmacks verdrücken gleich mehrere Fliegen mit einer Tube: Milchmädchen hilft prächtig als Brotaufstrich, beim Kaffeeabfedern, als Klebstoff für lose Briefmarken und bei der Lösung gleichnamiger Rechnungen. Nur als Zahnpasta geht das süße Mädel nicht durch. Und das trotz täuschender Ähnlichkeit!

Nutella „Nuß-Nugat-Creme" (Schraubglas 400 g). Oben auf dem Deckel sind die Buchstaben erhaben und groß angebracht, damit auch die blindeste Oma fühlen kann, was ihre Enkelkinderchen mögen: die original gaumenpappfreie Schmierschokopaste. Nutella ist kein Lebensmittel, sondern eine Ideologie – der grunddeutsche Frühstücksaufstrich; offizieller Lieferant der niederbayerischen Fingerhakl-Meisterschaften, Ausrüster des hessischen Pudelpokalpaares, wieder und wieder getestet und für süß befunden. Besonders lobenswert sind die Gimmicks, die sich zuweilen im Deckel befinden. Gummibaumsamen, kleine Plastikkanzler oder bunte Sammelbilder mit den schönsten Flugzeugabstürzen der Luftfahrt. Obendrein sind soviel Vitamine drin, daß das 400 g-Glas glatt zwei Kilo wiegt. Wer da noch Marmelade ißt, ist selber schuld.

Ovomaltine „Malzhaltiges Getränkepulver" (Dose 500 g). Eigentlich besteht keine echte Gefahr mehr, daß Deutschlands Kinder blaß und anämisch werden könnten. Dafür sorgen die Fast-Food-Stationen und die Lasterladungen Süßigkeiten, die die lieben Kleinen schon in zartem Alter verdrücken. Früher war das alles anders. Da tat eine Mutter ihrem Nachwuchs Gutes mit Zucker und Malz, Gott behalt's. Der fix klumpig gerührte Volleitrunk Ovomaltine (nicht zu verwechseln mit Ovulationshemmern!) jedenfalls ist so eine Art Flüssigstulle und macht aus wehrlosen, schläfrigen kleinen Wesen lautstarkaggressive Monster.

Pfanni Knödel „Halb und halb“ (Schachtel mit 6 Stück in Kochbeuteln, 200 g). Na, na – „ausgesuchte Kartoffeln aus kontrolliertem Anbau“. Gut und schön, aber von wem denn, bitteschön? Die klassisch geschmacksfahle Beilage deutscher Wirtschaftswunderküche, an der sich schon Mami beim Auspacken immer die Finger verbrannte. Es geht das Gerücht, daß die kleinen, separat verpackten gelblichen Säckchen von Drogenkurieren als Übungsballast über die Grenzen gebracht werden, um echte Transporte zu trainieren. Halb haben sie Erfolg damit, halb nicht.

Racke Rauchzart „Whisky“ (Flasche Nr. 71 22531 8, 0,7 l). Nicht überall ist Whisky-Machen naheliegend: In Bingen am Rhein steht schon seit 1855 die Wiege des deutschen „Spezial Blend“ Racke. Gegenwärtig galoppiert der kleine rote Fuchs des seltsam antiquierten Labels einem echten Revival entgegen. Das liegt weniger an der sprichwörtlichen Wirkung auf Stimmbänder und Spinnbänder des Delinquenten als am grundlosen Zauber des Vergangenen. Die eingerackerte Fangemeinde trinkt in Eckkneipen und Stampen den Sockenschuß stets direkt vom Tablett – vielleicht, damit niemand das Etikett erkennt? „Nein, den gibt's doch nicht mehr!“ rief ein älterer Herr vom Nebentisch, als der Stümper in einem Hamburger Restaurant 1990 einen wilden Racker von Rauchzart bestellte. Die Wirtschaft war sich sicher, der Partyschreck von einst wäre mit Wiederaufbau und Wirtschaftswunder versunken. Der jungsche Kellner, auf Einrede hin rasch widerwillig geworden, schüttelte energisch den Kopf. Und es gibt ihn doch! Und er geht direkt ins Zahnfleisch!

Riegel-Rudis Riegel-Kunde oder Catenaccio mortale: Bounty (2 Riegel 60 g). **Snickers** (Riegel 60 g). **Mars** (Riegel 58 g). **Raider** (2 Riegel 58 g). **Milky Way** (Riegel 28 g,). **Milky Way „mit mehr Milch“** (Riegel 28 g). **Canyon „Schoko“** (Riegel 35 g). **Milka lila Pause „Corn-Crisp“** (Riegel 37 g). **Lion** (Riegel 40 g). Schokoriegel werden dem gefürchteten „kleinen Hunger“ täglich millionenfach vorgeschoben. Der Markt der kompakten Zuckerschocks wird ganz klar beherrscht von der Firma Mars in Viersen, die mit einem guten Dutzend unterschiedlicher Produkte an den Kassen lauert. Aber auch der Vollwertboom mit seinen crispigen, knusprigen Knabberkreationen konnte den wahren Helden der Szene den Rang nicht ablaufen: An Bounty, den zerhäckselten Kokosnüssen, kommt keiner vorbei. Kühlschrankkalt genießen oder leicht angeknackt in braunen Rum einlegen! Da meutert höchstens der faule Weisheitszahn hinten links. Die **Ferrero Milchschnitte** (ohne Gewichtsangabe) ist hübsch anzusehn und schmeckt trotz einer beängstigenden Liste von Zutaten erstaunlich solide. Schauriger Kitzel mischt sich in den Wohlgeschmack, wenn wir des Siegels und der blutroten Unterfertigung von Prof. rer. nat. Fresenius, Taunusstein, ansichtig werden, jenes geheimnisumwitterten Dr. M. unter den deutschen Lebensmittelforschern.

Sanella Zwei Dinge sind in der Butterantäuschung aus Doktor August Oetkers Versuchskaninchenküche vollinhaltlich enthalten: Sanus, gleich gesund, und Ella, die züchtige Hausfrau. Sanella auf den Tella!

San Martino „Olio Extra Vergine di Oliva" (Flasche 1 l). Manche glauben, der hohe Preis für jungfräuliches Olivenöl sei reine Spekulation. Doch die intensive Pflege der Ölgärten, die Ernte mit der Hand und die vergleichsweise geringen Erträge von noch nicht ganz reifen, also kleineren, aromatischeren Oliven sorgen doch schon für hohe Kosten. Die San Martino-Oliven am Gardasee werden traditionell im Dezember/Januar geerntet und schonend kaltgepreßt. Heraus kommt ein samtiges, delikates Öl für viele schöne Gelegenheiten. Die Stümperküche verwendet dieses dickflüssige Grün (oder vergleichbare „Extra vergine"-Qualitäten) bevorzugt als fruchtiges, natürliches, belebendes Element zu Salaten, Spaghetti, Weißbrot mit Knoblauch und Soßen. Zum Braten eignet es sich wegen des niedrigen Rauchpunktes nicht.

Sassicaia 85 von Marchesi Incisa della Rocchetta, Bolgheri/Toscana (Glasflasche 0,7 l, haltbar bis ins Jahr 2020). Ein Kraftpaket von Rotwein, unheimlich voll, unheimlich kompakt, unheimlich rund, einfach perfekt und vergriffen. Namen und Jahrgang sollte der Stümper trotzdem jederzeit parat haben, um a) blitzschnell zuschlagen zu können, falls der Trunk einem unverhofft in die Quere kommen sollte, und b) sich mit der Nennung von Namen und richtigem Jahrgang unter echten Weinkennern Respekt zu verschaffen.

Schlagsahne „Chantilly" (Sprühdose 250 ml). Wie bitte? Diese zuckrig weiße Masse soll Löcher ins Ozon schießen? Aber ich bitte Sie! Aus der Hüfte gezogen, schießt das Ding die Sahne exakt 5,40 Meter weit, also gerade von hier bis zu Tante Gerdas Kaffeetasse im Wohnzimmer. Dieses Ozon hängt doch viel höher. Da ist keine Gefahr. Oder doch?

Sonnen Bassermann „Delikatess-Tomaten-Cremesuppe" (Konservendose mit 400 ml). **Erasco „Feine Tomatenrahmsuppe Red Satin"** (Konservendose 400 ml). Kein Zweifel: Luxustomaten aus dörflichen Südlagen der Champagne sind es, die die goldprangenden Etiketten uns da vors hungrige Auge führen. Ein Klacks Schlagsahne, und Bocuse läßt grüßen. So wenig unterscheidet den betuchten Feinschmecker vom Instantpöbel. Die sämig rote Suppe verwechselt Dicke mit Delikatesse, nur das Erascoelaborat schmeckt seltsam anders: Der eher leblose Zuchthaustomatengeschmack wurde mit einem halben Teelöffelchen Specks aufgestockt.

Spaghetti und Spaghettini del Martelli „artigiani pastai" (gelbe Tüte 1000 g). Gibt es Welten jenseits von Birkel und Barilla?! Die großen Massenverkabler mit Langnudelwaren haben die Regale der Supermärkte und damit den Blick auf wahrhafte Güte mit unzähligen Schachteln und Tüten verstellt. Spaghetti sind aber keineswegs gleich Spaghetti. Die Martelli-Teigwaren werden in einer kleinen Manufaktur in

Lari bei Pisa aus hochwertigem Hartweizengrieß mit alten Maschinen, die heute keiner mehr baut, langsam gepreßt. Deshalb sind sie nach zehn Minuten und längerem Kochen (Das Telefon, das Telefon! Immer neue Anrufer, die Rezepte wollen. Immer neue Rezepte!) immer noch eine höchst angenehme Sache für Bißfreudige. Sie überzeugen durch einen wunderbar feinen, unprätentiösen Geschmack. Deshalb kann man sie ganz einfach nur mit Parmesan und Butter wickeln. Oder mit Knoblauch und Olivenöl. Die rauhe, poröse Oberfläche sorgt für optimale Soßenaufnahme und Transport in den Schlund. Gegenüber den schlanken Spaghettini sind die Spaghetti im besten Sinne spätzlehaft dick und taugen gut zu kräftigen Schmorgerichten. Leider gibt's das rare Produkt nur in ausgewählten Feinschmeckerläden bzw. italienische Weinhandlungen. Von ähnlicher Klasse sind die Nudeln von **De Cecco** aus den wolfbeschlichenen Abruzzen, die es weit häufiger hier zu kaufen gibt. Es stimmt schon: Es gibt ganze Welten jenseits von Birkel und Barilla...

Sports Aquarius mit Citrus-Geschmack (Dose 0,25 l). Coca Colas Zuckerwasserimperium schwappt nun auch noch in den relativ jungen Markt der „Sportgetränke", zuckriger Limos, deren Klebrigkeit mit Säure und Vitaminbeigaben kaschiert werden. Die schlanke Dose, das sportive Blau/Weiß/Gelb signalisiert schon: Das ist der Sirup der Athleten. Ein kühner Schluck – da pulsieren die Säfte in der schlaffen Rechten, neue Energie durchzuckt die Finger, knacks! Schon ist der zarte Saftbehälter zerknittert und zerquetscht.

Sprengel „Erfrischungsstäbchen Orange-Zitrone" (Schachtel 75 g, ohne Haltbarkeitsangabe). Säuerlicher Geschmack in süßer Schokolade. Kleine Stücke, die man in großen Mengen essen kann. Bereits Heinz, des Stümpers Vater, verschlang sie in solchen.

Suppina, VEB Nahrungsmittelwerke „Tempoerbsen, nach einem besonderen Verfahren vorbehandelt" (Pappkarton 250 g +/- 10 g bei 10% Restfeuchte). Bald werden sie vom Markt auf Nimmerwiedersehn verschwunden sein, die possierlichen gelben Kügelchen, und mit ihnen viele andere Küchenprodukte, die seit eh und je für die billige, unkomplizierte, kantige Ernährung armer Leute stehen. „Tempoerbsen" haben wirklich Schmackes: In einer Viertelstunde kann man einen muffigen Erbseneintopf löffeln – und das ohne Magermilchpulver, gehärtete Fette, Geschmacksverstärker, Farbstoffe, natürliche und naturidentische (!) Austauschstoffe und Konsorten. Hat was. War was.

Underberg „Semper idem" alias „Sottomonte" (allerliebstes Fläschlein 20 ml, 44% Vol.). Kenner nehmen den leicht nach Zahnarzt riechenden, zungenbetäubenden Fettspalter direkt aus der Nuckelflasche. Der Einäugige unter den Blindmachern (so sagen die Leute) ist ein vertrackter Akkord aus kräuterwildem Feuer und nunmehr nach fast 150 Jahren zudem zum Kultobjekt avanciert. Kleiner Stümper-Tip am Rande: Mit Underberch lassen sich durch überlangen Kaugenuß „steinig" beziehungsweise „eng" gewordene Kaugummis wieder frisch und viskos machen.

Unox heiße Tasse Spezialität „Tomatensuppe italienisch“ (Schachtel mit drei Beuteln, ohne Gewichtsangabe). „Ausgefallene Rezepturen mit erlesenen Einlagen überraschen selbst den Kenner mit völlig neuen Geschmackserlebnissen." Wer noch nie im Leben Tomatensuppe gegessen hat, könnte möglicherweise geschmacklich überrascht werden: von der diskret brennenden Säure, der subtilen Verzuckerung und der dennoch insgesamt eher labberigen Anmutung. Da wird die Rezeptur wohl gerade ausgefallen sein.

Unox tafelfertig „Spargel-Creme-Suppe Chantilly“ (Konservendose 400 ml). Klares Heimspiel für die Luxussuppe der Union. Feinnervige Faserstückchen flanken Geschmack rüber, ein kräftiger Hühnerfond mauert unbeirrte Konsistenz, und der souveräne Suppenaufbau kommt ohne trainingsintensive Auswärtszutaten wie Pilz oder Kaper aus. Als Grundstoff für ein Instant-Hühnerfrikassee Aufstieg in die 2. Bundesliga durchaus denkbar.

Wrigley's Spearmint, Wrigley's Juicy Fruit, Wrigley's Doublemint, Wrigley's Orbit ohne Zucker Peppermint, Wrigley's Orbit ohne Zucker Spearmint, Wrigley's Freident Mint, Stimorol, Stimorol ohne Zucker, Stimorol Orange, Hubba Bubba Heidelbeere, Hubba Bubba Kirsche (in Streifen bzw. als Dragees), **Süsshanse Partner** (12 Bubble Gum Cigarettes with magician trick). Oralerotiker und entwöhnte Raucher, Knoblauchfreunde und volltrunkene Heimfahrer, Stricher, Strampler, Straßenkids: Der Run auf die frei erhältlichen Genußstoffe hält an. Und nirgendwo sonst sind die Vorlieben so konträr und so ausgeprägt. Besonders die Firma Wrigley's trägt jedem Kiefer Rechnung – mit den Traditionsnummern „Spearmint" und „Doublemint", die Kritikern zu eng sind, den leicht prickelnden Zuckerersatzgummis „Orbit" und dem Rentnergummi „Freident" haftet weder am Zahnbelag noch am Stuhl des Vordermanns. Die Zielgruppe von „Juicy Fruit", einer eigentümlich zimtigen, quengeligen Gemischtwarenvariante, ist unklar. Orthopäden und Päderasten, aber auch Kindermädchen und Hobbyangler wurden in einer flächendeckenden Feldforschung als Käufer identifiziert – nicht alle homosexuell, aber einige unverkennbar katholisch. Die Firma Stimorol boomte in den letzten Jahren insbesondere auf dem Yuppiesektor. Größtes Problem des ambitioniert gestalteten Designergummis ist derzeit vor allem der Vertrieb. Niemand reitet meilenweit für eine Antioxidationsmittelmischung. Etwas für farbenblinde Kauzombies sind die „Soft Bubble Gums" von „Hubba Bubba" (Läßt Marsupilami grüßen?). Klebfreie Riesenblasen, den Mund voll bunter Spucke und panische Angst vor der Detonation: ein Psychogummi mit Warholscher Schräglage. Stümper-Rat: Ein Doublemint verwandelt einen ordinären schwarzen Tee in aromatischen Pfefferminztee, wie er zum Beispiel in Marrokko getrunken wird. Die Beigabe von ganzen Pinienkernen vervollkommnet den Genuß. Anschließend wird das entzuckerte, lauwarme Gummi zahnschonend gekaut.

Zamek „Tomaten Suppentopf wie hausgemacht“ (Konservendose 250 ml, Speckeinwaage 5 g). Wo, bitteschön, stehen die dampfenden Töpfe, der wabernde Sud, in welchem Heim? Keine Frage, das nudelspeckige „hausgemacht" meint die Küchen und Kantinen des tiefsten Ruhrpotts, wo man noch „was Richtiges" ißt, wo in den Sechzigern fröhliche italienische Fremdarbeiter die kumpelige Ruhrküche mit frivoler Deftigkeit aufgemotzt haben. Kein Zufall: Das Ding kommt aus Düsseldorf, und die Nähe zu Zechen und Schloten schmeckt man einfach raus.

Zamek „Wolpertinger Wildrahmsuppe, mit wenig Fleisch zur Erhaltung der Art“ (Dose 400 ml, Fleischeinwaage 36 g). Der bayerischen Weltfirma ist es offenbar gelungen, das scheueste Wesen ganz Niederbayerns schußfrisch in die Dose zu zwingen. Ein bräunliches, dickflüssiges Etwas beansprucht solches jedenfalls und unterstreicht diesen kruden Anspruch mit sattem Steinpilzpulvergeschmack und diskretem Anklang von Wildgulasch wie aus irgendeiner x-beliebigen Kantine.

HIER, UNTERSCHREIBEN SIE...... MOMENT, HAM SIE 'NE VOLLMACHT ???!
VOLLMACHT?!
ICH WEISS WAS VOLLMACHT!
POSS
RACKE RAUCHZART!
MÖGEN SIE EIN?
POSS

Thomas Platt

Hat aus dem Drang, seine Biographie in einen einzigen Satz zu pressen, schon ganze Romane geschrieben. Beim Essen ist der gefürchtete Eberbacher Eßstubentester da weit weniger zimperlich: „Wo ein Wille ist, da ist auch ein Steak" ist die Parole.

Martin Keune

Hat beim Krautwickelessen alle Fäden in der Hand. Ansonsten benutzt der aus dem Sauerländischen entwichene Berliner zum Essen gern die Gabel und ist damit unbestreitbar der Innovativere des Autorenduos.

Brösel

Geboren? Ja! Danach sofortige Aufnahme des Studiums der Marodik und Zerrüttungswissenschaften. Brösel ist nunmehr im 96. Semester. 1981 Veröffentlichung des ersten Werner-Schinkens. Danach in lockerer Folge 7 weitere Werner-Bücher. 1990 erster beinharter Film zur Werner-Problematik. Zwischendurch eine Menge zeitraubender Aktivitäten wie Rennen und Pennen. Außerdem liebt Brösel blonde Autos, teure Frauen und schnelle Uhren.